逆境反彈

奧運冠軍都在用的韌性技能，養成不被挫折拖垮的復原力

THRIVE

A practical guide to harness your resilience and realize your potential

理查德·薩頓 著

曾倚華 譯

高寶書版集團

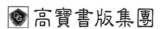

致那些面對與克服過掙扎和逆境的，
以及在這段旅途中支持他人的人們。

目　錄
Contents

目錄
Contents

第三部分：奧運冠軍的韌性課程——成為行為科學大師

目　錄
Contents

序章

挑戰中蘊含著禮物。

三十五年前的我絕不會同意這個說法，但現在回想起來，我已經理解並欣賞這個說法是多麼的正確。

這是約翰尼斯堡一個相當平常的夏日早晨。天色晴朗，一切都很平靜，外頭也很溫暖。我和弟弟早上七點前就起床了（我們共用一個房間），一早就開始聊天、玩耍、笑個不停。門毫無預警地被人打開，我的繼父衝了進來。他是個身材矮小的男人，脾氣暴躁，自尊心也很脆弱。不幸的是，我們玩耍和笑鬧的聲音把他吵醒了。他進門來並不是要我們保持安靜，而是要確保這種事不會再發生。他開始用他最喜歡的竹杖管教我，就像一個訓練有素的武士，因為我的冒犯——我打斷他的睡眠——而不斷地打我。幸好，那些傷痕主要落在我的背上，所以很容易藏起來。

我當時真的很痛，幾乎沒有辦法穿衣服、自由活動，也沒辦法坐下。他知道這樣會引起老師的注意，就叫我說我跌倒了。我害怕地遵照他的指示，但老師們並不買帳，並要求我掀起上衣給他們看。他們交換的目光道盡了一切。我相信，如果這種事發生在現在的社會，我就會被帶到另一個地方安置，但當時是一九七〇年代末，所以一切都沒發生變化。

這起事件不尋常的地方不是身體或心理上的創傷，而是這不幸的事是我的日常，只是這件事是發生在早上而已。

像許多孩子一樣，我在一個酗酒的家庭中長大。生活在這種環境中，意味著晚上更有可能出現虐待行為。我曾經非常害怕下午五點，因為啤酒或烈酒總會在那時間出現，就代表攻擊與衝突會開始不停地循環。起初，大人的飲酒量還有限，甚至可能只是為了慶祝，但隨著飲酒量的增加，口水戰就開始了，而且往往會不可避免地造成某種形式的創傷。因為關節脫臼、撕裂甚至嚴重瘀傷而去醫院急診室的情況，在我們家並不少見。

當我還小的時候，我經常陷入父母的交火之中，成為發洩憤怒、怨恨和攻擊的目標。每天放學回家，走進屋子，我的心臟就會開始狂跳，手心冒汗，呼吸也變得淺短。我必須保持高度警惕，因為我不知道接下來有什麼在等著我；總之，通常都不是好事。

家庭嚴重的財務困境進一步加劇了我們的掙扎。我們很少在一間屋子待超過一、兩年，要麼是因為被銀行收回，要麼是因為付不出房租而被驅逐。這意味著任何形式的額外支出，例如課外活動、體育器材，甚至學校文具，都是我們負擔不起的。同時，在我的求學生涯中，我總共轉學了七次，所以我必須忍受隨之而來的壓力和挑戰，當然還有朋友和長期關係的缺乏。

白天，我盡可能地遠離家裡，在公園裡閒逛，或是在外面騎腳踏車好幾個小時，但我的主要目標，是在晚上盡可能長時間地遠離家中。

十三歲時，我找到了一份服務生的工作。雖然在那個年紀工作是不合法的，但我所承受的長期壓力，讓我看起來比實際年紀大得多。最後，我找到了一個可以保證我安全的做法。我每天早上七點去上學，下午自己打發時間幾個小時，短暫地回家換衣服然後去上班，晚上十點半左右回家，通常這個時候，家裡的一切都已經平息下來了。我每週工作六天，並在接下來的五年裡持續這麼做。雖然這給了我經濟上的自由，讓我擺脫了家庭的壓力，但這也意味著我犧牲了睡眠、個人健康和做任何運動的機會，也讓我失去了受教育的機會。

我勉強維持著學校的生活。我的目標只是盡可能地拿到及格的最低標準。這就是逆境的影響——它會剝奪我們的夢想和抱負。

每天坐在教室裡，我都覺得完全跟不上。我精疲力盡，一遍又一遍地重溫著我生命中的創傷事件。我對課堂最多的印象，都是在白日夢中度過，幻想著不一樣的現實。

諷刺的是，儘管我在大多數科目上都有困難，但我特別擅長歷史，因為它就是一連串重複的事實與事件。但任何需要系統性作法或需要家庭作業的科目，對我來說都特別難熬。如果換作今日，醫院可能會開聰明藥（利他能或 Concerta 之類的藥物）來治療我的注意力不足症候群。

為了挽救我的學業困境，其中一間學校建議我做一份性向測驗，找出我的強項和弱項。我發現我喜歡受到各種形式的關注，因為我的家人對我這個人沒有太多的興趣。

透過大家的努力，我被帶去見了一位最好的顧問，我興奮得幾乎無法控制自己。身為一個迷失的青少年，我需要聽到我擅長什麼，因為一直以來，我聽到的都只是我哪裡不夠好。我走進顧問的辦公室，與他進行了簡短的討論，填寫了必要的表格，進行了一些測驗並試著解開幾個謎題。終於到了這一刻。除了基本的生存之外，我終於有了一個目標、一個目的和使命。不幸的是，評估的結果並不好。這位「專家」堅信我沒有表現出任何天賦或是傾向，只是搖了搖頭。我很沮喪，但我已經經歷了太多的失敗和失望，我知道這也不會是最後一次。

我和世界上許多孩子一樣，成為環境的受害者，無力改變自己的現實。

在這段時間裡，我開始認真地尋找自我保護的方法。有時候，我能夠上一到兩個月的空手道課，但是交通（尤其是我需要接送）和時間不足，會讓我無法更進一步。我受過的正式訓練最少，但我會自己練習好幾個小時——拳擊、踢腿，做最基本的招式和伸展。這對我來說是個巨大的安慰，也給了一個我很大的信心。看運動競賽和偶爾的功夫電影，會在我所處的、看似沒有任何成長機會的世界中，提供我持續走下去的動力。

我對於身體的力量有非常強烈的需求，因為力量在我生長的環境中是一股強大的威懾力。我開始做伏地挺身和仰臥起坐，也會在學校和工作之間的空檔自我鍛鍊幾個小時。我沒有任何類型的課表、指導或道具，我就是我自己的老師、動力和人生導師。

當然，我缺乏持續性、變化和進步，但是在那種艱難的狀況下，我已經盡了最大的努力。當時，我人生中更大的掙扎並不是虐待，而是我一輩子都在受人忽視，也缺乏任何型態的支持。我的情緒層面和更實際的資源方面，都處於匱乏的狀態。

但是在當時的情況下，每個人都已經盡力了，家人、甚至陌生人，即使是我不配得到的幫助，也向我表現出了善良和關心（有時我真的很難搞），但這幾乎無法彌補我內心所感到的空虛。

更糟糕的是，幾十年後，我發現我有幾種基因的變異，會使我對壓力的反應更強烈、並使我更難從創傷事件中恢復，使我在面對逆境時顯得更加脆弱。

十八歲時，我已經學會了努力工作和認真投入的價值，但依然缺乏許多其他生活技能。我有幾個讓我比較有優勢的技能和特質，包括外向的個性（被迫的）、對新的經歷抱持開放的態度，以及做人隨和。我徹底缺乏積極、鼓勵、關懷、專注與同情的環境。此外，我也把我許多的失敗和挫折，當作針對我個人的反應，並且從受害者的角度來看待這一切；我一直希望得到某種意義上的拯救。我的情緒控制了我的現實，我花了好幾年的時間來修復這個障礙。我無法控制壓力反應，也沒辦法在艱困的事件後好好調節自己。最後，我還忽略了自己的健康。我不知道怎樣才是好的飲食習慣，那時的我沒有吃任何營養品，也沒有固定運動或其他基本的健康行為。

我已經認定自己就只能過上平庸的生活。由於教育水準比較差，韌性又低，沒有任何主要的技能或能力，又沒有足夠的支持基礎，這個世界對我來說就像是一個艱難而孤獨的地方。我在國外待了一段時間，隨後又試著加入義務役來重新開始我的生活，但是我的內在掙扎一直跟隨著我——我無法放鬆，得不到滿足、也得不到快樂。

但是，我人生的轉折點就在轉角等著我。我本來最害怕的東西——義務役——事後證明是為我帶來正向改變的催化劑。我剛開始的體驗不是很成功，甚至是一場災難，因為我的身體素質不夠好，心理素質也不夠強韌，但是大約兩個月後，一個轉捩點就出現了。這個體驗成為了培養我韌性的完美大師班。我學會了我的第一個主要生活技能，其中包含了磨難、毅力和堅持的力量。那一段人生經歷，向我顯示了支持的價值，以及團隊的力量，因為在那之前，我一直都是孤身一人。我了解到，我們所有人都需要得到正向的挑戰才能在人生中成長。但是，截至目前為止，我得到兩個最大的教訓，一個是要維持健康行為的力量和保持體態的良好，才能支持我們的心理和情感狀態，以及希望的價值——這是一種相信你的生活在未來會變得更好的真誠信念。

最後，在二十歲那年，我真的相信我可以做到任何我想做的事情。

雖然這些都是令人難以置信的韌性技巧，也是我人生新篇章的起源，但過去的掙扎仍然束縛著我，尤其是在情感方面。缺乏的結構式教育一直困擾著我，我發現自己無法學習我想要的東西，只能學習我能負擔得起的東西，以及我的學術成就（或缺乏的學術成就）所允許的東西。

我幾乎放棄的夢想又回到了檯面上，也就是職業運動生涯。唯一的差別是整件事的來龍去脈，因為我現在要做的，是支持其他人的運動發展和成長。

憑藉著在軍隊中獲得的新技能，我將所有資源用在學習和教育自己上；畢竟，我已經成為我自己最偉大的老師了。不受限制地從各種來源和角度學習，我的日日夜夜、還有週末，都耗費在我以前的弱點、卻是我現在新發現的力量上——獲得新知識。我的目標是幫助世界上最優秀的運動員克服個人挑戰與障礙。

關於痛苦、失敗、挫折、失望和障礙，我可是有博士學位的等級，這些都給了我令人難以置信的禮物。同理心、同情心、更高的敏感度和更強的感知過程。我可以預測人們的移動方式及他們未來的行為。我能夠看出對手的專注程度、信心、競爭力和預期的行動。

在接下來的二十年裡，我繼續增強我的韌性技巧，其中包括了適應力、意識和認知的重新評估——這是所有特質中最重要的一點。

我逐漸意識到，我們都有能力度過逆境和困難。事實上，這是人類天生的能力。韌性的定義不是生存，而是克服逆境。這種現實是你可以習得的技能——是行為和心理特質的集合，當它們整合在一起時，我們就可以實現夢想、發揮最大的潛力。

這本書的目的，就是分享這些基本技能，並為你提供工具，幫助你更容易應對生命的複雜。

第一部分：了解我們的潛力

韌性的終極故事

儘管我們有時會有某些感受，或接收到社會與社會規範灌輸給我們的觀念，但我們的人生起點不會因此而被定義，當然也不會被沿途中的失敗、失望或挫折定義。然而我們很容易根據既定規範、大數據、分析、趨勢線和平均值來衡量自己、家人、親密的朋友，甚至是公司，在這之間幾乎沒有犯錯的餘地。我們已經太習慣這麼做，導致如果你沒有達到既定的里程碑、沒有遵循適當的曲線，沒有達到某個不切實際的目標，或是沒有達到預先存在的期望，就會引起我們的擔憂、焦慮、恐懼和深刻的個人失敗感。

根據疾病管制與預防中心的說法[1]，三歲的兒童應該能夠做到三個步驟的指令。此外，他們也應該要能說出最熟悉的事物，用兩到三個句子進行對話，並自動說出自己的年齡、姓名和性別。那麼，不能達到這套既定標準的孩子算什麼？對他們的父母又有什麼影響？他們的一生，是不是就注定平庸、艱辛而失敗？作為父母，這是一個會摧毀你的思路，這是我從個人經驗裡學來的。

「多年在黑暗中焦急的尋找，強烈的渴望，自信與疲憊的交替，以及最後的曙光——只有經歷過的人才能理解。」——阿爾伯特．愛因斯坦（Albert Einstein）

■人盡皆知的事實

阿爾伯特．愛因斯坦的真實故事，完美地解釋了韌性的概念，以及我們生活中的失敗、考驗和磨難並不能準確地反映我們的價值，也不能預示我們最終能夠到達的偉大成就。

年輕時的愛因斯坦經歷了嚴重的發展和行為挑戰，但他克服了那些巨大的挑戰和痛苦，並在後來的人生中實現了非凡的個人成就。

愛因斯坦一八七九年出生於德國，父母都是社會的中上階級。儘管他後來取得了很大的成就，但在他的成長歲月中，並沒有表現出成年後會有的輝煌。三歲時，當其他孩子提出基本的「誰」、「為什麼」、「哪裡」和「什麼」的問題，並得到大人的理解時（至少大多數時候），愛因斯坦的世界卻是一片寂靜，因為他不會說話。讓他的家人鬆了一口氣的是，到他四歲時，他確實學會了說話，但他依然無法輕鬆或有效地與他人進行交流，更別提使用四個字以上的句子來表達他的一天，或者回答他這個年紀的孩子應該要會的基本問題了。事實上，他的言語和溝通障礙非常明顯，導致他的直系親屬中有許多人，都認為他有發展和認知的障礙。

愛因斯坦在與外在世界發生衝突的同時，也肩負著自我設定的人生使命。當時有人送給他一組磁力計和指南針當作禮物，這個使命於是就誕生了。愛因斯坦對引導指南針上金屬針轉動的神祕力量感到讚嘆不已，並想要更加理解移動錶盤的那種看不見的力量。大約在同一時間，他也開始學習小提琴，而幸運的是，他深深愛上了音樂。這是一個偶然而幸運的事件，因為音樂訓練，無論是在兒童時期還是成年後，都能提升智商、數學能力和整體認知靈活性[2]。此外，音樂為愛因斯坦提供了逃避世界的挑戰和掙扎的途徑，儘管只是暫時的。

隨著他長大，他的直系親屬和大家庭的成員接受了他的發展受限，並幫他貼上了「遲緩的傻孩子」的標籤，進而抹去了他這輩子達到「正常」標準的期望。

無法進行口語溝通，對愛因斯坦的自信、自尊和自我價值都產生了負面的影響。愛因斯坦決心要提高自己的演說能力，並巧妙地開發了一種獨特的交談策略，包括在與周圍的人交談之前先安靜地、喃喃自語地練習他要說的句子。

愛因斯坦的障礙使他身邊充滿了嘲笑與輕視，也使他被社會孤立。他的防衛機制是憤怒、叛逆、對權威完全地蔑視，以及厭惡任何形式的順從。根據愛因斯坦的說法，

「不假思索地尊重權威，才是真理的最大敵人」。當他上小學的時候，他就已經是個麻煩至極的孩子了。

他的行為、學習和語言障礙，都讓他被人貼上了標籤和定義，一些老師甚至特別指出，愛因斯坦在生活中不會有任何成就，這不只剝奪了他的個人價值感，也剝奪了他在這個世界上可能可以有更偉大的目標。對一個有自信的成年人來說，這種負面觀點都已經不容易接受了，更別提他還只是個脆弱的孩子。隨著他的自信受到進一步傷害，愛因斯坦的言語障礙變成了模仿症，會無意義地重複自己的句子或其他人說的話。

對許多孩子（和成年人）來說，與眾不同就等於被排除在外，而對愛因斯坦來說，這是一個痛苦卻永遠不會改變的現實。由於無法與其他孩子一起玩遊戲或參與適合他年齡的社交活動，愛因斯坦只能創造自己想像中的平行宇宙來彌補這一切，經常做著長時間的白日夢。拼圖也幫助他填補了他所處的社交真空狀態。

隨著時間的流逝，愛因斯坦繼續在語言交流上掙扎著，加上被社會孤立，寂寞、受到輕視與嘲笑，最終導致他脾氣變得暴躁，進一步與周圍的世界疏遠。

然而，儘管面臨這麼多複雜的挑戰（也有可能正是因為這些挑戰），愛因斯坦還是發展出許多對他以後的生活大有裨益的強大性格和技能，包括堅定不移的決心、頑強、毅力和堅持。

愛因斯坦受到的個人挑戰，因為他的猶太血統和社會上激進的反猶太主義而進一步被放大。他的文化與宗教差異導致他在學校內外都受到騷擾、頻繁地毆打和更嚴重的孤立。我們實在無法想像愛因斯坦在那些本該無憂無慮、充滿歡樂和笑聲的成長歲月裡，是多麼脆弱、孤獨、孤立和恐懼。

職業和言語治療師的解釋是，言語障礙會伴隨一個人一生，愛因斯坦就是如此。到了九歲時，他不僅在語言方面遇到困難，在閱讀、與語言相關的基本理解和記憶方面也有障礙。

儘管如此，愛因斯坦使用畫面和圖像，而不是字母、單字和詞彙，有效地彌補了他選擇的領域（科學和物理）中所遇到的學習障礙，雖然他仍然無法完全克服。

隨著時間的流逝，他的生活中依然很少擁有典型的玩耍、玩伴和體育活動，這讓愛因斯坦別無選擇，只能獨自坐在那裡，思考這個世界和整個宇宙中的問題。他的孤獨所帶來的最終效果，是他強大的想像力不斷發展與成長，他開始用這種想像力，發展出廣闊的一生和總被人們認為是癡人說夢的理論。

與他人的差異和不斷掙扎的壓力，繼續加劇愛因斯坦的憤怒與和情緒問題，使他對一切形式的教條和權威都產生強烈的排斥。

儘管愛因斯坦的生活充滿艱辛，但他有一個始終如一的安全空間，那就是他的家人和家庭環境。雖然沒有任何跡象表明他家是一個溫暖、支持或充滿愛的環境，但它似乎確實為愛因斯坦提供了一個庇護所——一個讓他感到某種程度的確定感、穩定和熟悉的安全空間。可惜的是，這對愛因斯坦來說也很快就要不存在了。

十幾歲的時候，他們的家族企業在經濟衰退和當時不利的市場下崩盤了。為了重新站起來，愛因斯坦的父母和兄弟姊妹們被迫搬到了義大利。他們決定將愛因斯坦留在德國，和遠房親戚一起生活，好讓他完成學業。這樣的壓力對他來說實在太大了。由於他的語言和學習障礙，又深深地厭惡服從，當時德國學校的教育體系又充滿了僵化、反猶太主義和孤立，讓當時少了家人在身邊的愛因斯坦情緒崩潰，陷入重度憂鬱中。

他被迫退學（儘管從未證明他是被學校開除還是自願離開的）並與生活在義大利帕維亞的家人團聚。由於無法改變退學的事實，也無法接受兒子十五歲就高中輟學，愛因斯坦的家人們堅持叫他繼續受教育。他的目標是進入位於瑞士蘇黎世的一所技術學院，但由於他還沒完成高中學歷，又比一般申請者至少小了兩歲，因此他需要學校做出很大的讓步才能入學。愛因斯坦毫不氣餒，孜孜不倦地苦讀，好滿足基本的入學考試要求。

那年稍晚，由於愛因斯坦在物理上表現出令人難以置信的天賦，又有一位受人尊敬且深具影響力的至親朋友，幫他寫了一封信給學院的院長，愛因斯坦終於獲得了參加入學考試的機會。他的許多科目都考得很差，唯獨在他熱衷的領域上表現出色，例如數學和科學。但在其他科目上，包括文學、政治、植物學和動物學，他的表現十分差勁。

然而，看到愛因斯坦在物理方面的潛力，學院的院長建議愛因斯坦再完成一年的高中學業，並建議他留在瑞士就讀距離學院約五十公里的州立學校。只要能被這所大學錄取，愛因斯坦和他的家人什麼都願意做，所以他們聽了院長的建議。那間州立學校的教學理念，在當時是非常獨特且進步的，是根據著名教育改革家約翰・裴斯泰洛齊（Johann Pestalozzi）所提出的理念。老師們會鼓勵學生在學習過程中使用圖像記憶，並堅信要培養孩子的個人特質和內在尊嚴。這與愛因斯坦的個性、學習風格和對教育的期望完美契合。死記硬背的科目、強制記憶和強行灌輸的填鴨式教育，被觀察、直覺、概念思考和視覺化的學習所取代，而這些都是愛因斯坦最擅長的領域。

愛因斯坦喜歡這所學校，尤其是它的學習方法，這與他在德國艱難而痛苦的過去、嚴格獨裁和墨守成規的教育模式大相徑庭。

在瑞士上學的時候，愛因斯坦的生活也發生了另一個非常重要的變化。他寄宿在一個溫暖、包容的大家庭中，他們歡迎他，並提供了一個真正關懷和安全的環境。這個家庭不墨守成規、不批判他人，並包容他的一切。愛因斯坦簡直就像是有機會重寫個人設定一樣，他是誰、他來自什麼地方，以及他一生中面臨的所有內心掙扎，在這個新家中都顯得無關緊要。他們的焦點只集中在他的個人特質，以及他的個人目標上。

此外，這個家的族長、同時也是愛因斯坦新學校的老師約斯特・溫特勒（Jost Winteler），也和愛因斯坦一樣厭惡德國軍國主義和民族主義。約斯特平易近人、誠實且充滿理想，幫助愛因斯坦塑造了他未來的社會哲學，包括和平主義、民主社會主義、個人自由和言論自由。愛因斯坦終於感覺自己的身分受到人們的接納和喜愛，不再因為他的缺乏而受到批評。在這樣的環境下，圍繞在他四周的心理防線終於卸下了，他展現出前所未有的魅力、機智和幽默。

周圍的支持和自主性的結合，為愛因斯坦帶來了全新的現實，讓他能夠在其中蓬勃發展。他在學校的化學和語言等關鍵科目上有著巨大的漏洞，需要大量補習和利用額外的課程來彌補，但在他熱愛的領域（科學、數學和音樂）中，他的表現則極為出色。在約斯特寫給愛因斯坦家人的一封信中，他指出，「但在認識愛因斯坦後，我對於能同時看見平庸的成績與非常優異的成績已經不感到意外，因此也不會為此感到沮喪。」[3]

當學年結束時，愛因斯坦拿到了班上總成績第二名的成績。對於曾經的「中輟生」

而言，這是前所未有的成就。他已經準備好走上正規教育的下一步，要參加蘇黎世理工學院的入學考。這場考試包含了筆試和口試。在參加入學考試的九名學生中，愛因斯坦拿到了最高分，成功被學校錄取。

正如他們所說，隨著阿爾伯特・愛因斯坦後來成為有史以來最有影響力的科學思想家之一，接下來的事情就是眾所皆知的事實了。他的成就包括了光量子論、廣義相對論、狹義相對論、光電效應和波粒效應。一九二一年，他得到了諾貝爾物理獎，並被《時代》雜誌選為二十世紀最具影響力的人物。

愛因斯坦的故事中呈現出非凡的韌性。他的人生經歷，正好證明強大的天賦和許多的能力，都是從困境中取得的。對愛因斯坦來說，他展現出對某些概念清晰而直觀的理解、堅持、決心、適應力、廣泛思考、想像力和對他所愛的事物抱持堅定不移的熱情，但同樣重要的是，他的故事也強調了與我們一同生活和共享同一個環境的人們，對我們的影響力有多麼重要，又會如何塑造和實現我們的未來。

像愛因斯坦一樣，我們許多人都經歷過逆境，無論是虐待（身體或心理，或兩者皆是）、忽視、貧窮或健康上的障礙（無論是認知、行為或身體）。他的故事告訴我們，我們並不是由我們的出身、我們的成長環境、甚至也不是由我們的遺傳能力所定義的。

儘管這一切都存在著不可否認的影響力，但我們遠遠勝過這些層面，甚至也勝過它們加總起來的影響。在我們生命中的某個時刻，我們都會產生選擇權。我們可以選擇過我們想要的生活，放棄自己設下的障礙、高聳的情感高牆、堅不可摧的自我防衛和恐懼，或繼續被它們囚禁。就像所有的成就一樣，無論是在體育、音樂、藝術、科學或商業的領域中，這都需要認真參與的過程、訓練和指導、重複、堅持、完善，並接受我們一路上會經歷的各種失敗。

如果我們探討幾個偉大的古典作曲家的人生，我們就會發現，他們也必須做出這樣的選擇。作者亞當．格蘭特（Adam Grant）在他二〇一七年出版的《反叛，改變世界的力量：華頓商學院最啟發人心的一堂課》（*Originals: How Non-conformists Move the World*）一書中尖銳地指出，所有的成功都離不開努力[4]，而他便是以幾名偉大的古典作曲家為例。格蘭特表示，喜歡音樂的人普遍都認為音樂天才莫札特創作了六首非凡的作品。鮮為人知的是，他在這段過程中還創作了另外六百部作品。另一位極具代表性的作曲家，約翰．塞巴斯蒂安．巴哈（Johann Sebastian Bach）創作了三首極為出色的作品，但在他的音樂之旅中，他其實共創作了一千多首作品。

要成功創造你一直希望的生活，端看你願意投入多少的努力。

韌性不是與生俱來的，也不是天生沒有就一輩子無法得到了。這是一段需要勇氣的個人旅程：你要有前進的勇氣、面對並超越恐懼和自我限制行為的勇氣，以及決定我們的生活想要什麼的勇氣。

■什麼是韌性？

自新冠肺炎大流行以來，韌性已經成為團隊和企業最關注的概念之一，你現在應該很難找到一個團隊或企業的核心價值中不包含「韌性」一詞。考量到新冠疫情與第四次工業革命重疊在一起，創造出一系列世界前所未見的社會、政治和經濟條件，這實在也不令人意外。

這就好像我們生活和共享的舊世界已經被焚燒殆盡一樣，不僅是因為乾旱或數十年全球暖化的綜合影響，而是由於人類的恐懼、不確定和恐慌等負面情緒。

> 固定的行為，無論過去多麼有效，都無法抵抗現在的世界正在經歷的重大變化。

過去以來，我們對韌性的理解一直圍繞著勇氣、更大的堅持、更強的毅力、「轉變」的能力、以及在每一次嘗試中堅定不移的決心。雖然這些是強大的社會心理特徵，並且是人類的表現和成功的關鍵因素，但是在討論到提升長期韌性的時候，他們其實是有限制的。

原因在於，一系列新的社會經濟條件，似乎是在一夜之間出現的，並繼續以指數的方式快速發展、變形和重新調整。固有的行為無論有多麼強大，都無法抵禦我們正在經歷、或是未來可能經歷的變化。

如果韌性比堅持、決心或毅力更加廣泛、也更富有深度，那麼它究竟是什麼？《牛津英語詞典》對韌性的定義是：

名詞：從困境中快速復原的能力；不屈不撓

雖然韌性的定義清晰、簡單、又容易掌握，但是這段敘述中有兩個明顯的限制。首先是所謂從人生的困境中「復原」的概念。雖然復原力在健康與身心的各個層面都是很有利的能力，但它是反應型的狀態，無法讓我們為即將到來或持續進行中的挑戰做好準備。從許多層面來說，它會把我們困在過去，而不是創造出一個舞台，讓我們增加適應力、或是在不確定的未來中做出好的表現。

定義的第二個問題，則是不屈不撓的廣義概念，不管是心理或生理，以及它與克服挑戰、困境、改變與不確定性的關係。

■心理上的不屈不撓與堅持足夠嗎？

二〇〇七年，我得到了我夢想中的工作——成為中國奧運代表隊的高級總監，這是一支真的有機會贏得比賽、並創造體育界歷史的隊伍。我努力讓自己帶來某些改變，將我所擁有的一切投入這個千載難逢的角色之餘，甚至還可以為他們帶來更多。那是我的目標最明確的時刻，我曾經合作過的每一位運動員、我讀過的每一本書和研究論文、我經歷過的每個週末和假期，都將我帶領至這個難以置信的機會面前。

抵達北京後的幾天內，我就意識到我所擔任的職位有多大的規模和重要性，以及隨之而來的巨大挑戰。「請謹慎許願」，這句話對於我當時所處的現況實在是再貼切不過了。

本質上，我是一個局外人，卻被安插進一個成熟、且運作良好的團隊中。運動員們已經在一起生活、訓練、吃飯和社交好幾年、甚至好幾十年了。他們是個關係緊密的大家庭，對外國人充滿懷疑和戒備。如果我想要被他們所接受、信任和尊重，就需要投入時間和大量的努力，但即便如此，這依然不保證我能得到回報。

同時，管理者、教練和利害關係人（在本例中，就是中國政府）對我的期望極高。平日和週末對我來說已經沒有區別，白天與黑夜也融為一體。換句話說，我的日子簡直就是一場馬拉松。我幾乎沒有得到任何形式的支援，因為我的語言障礙、行動限制（我不被允許離開訓練區）、有限的網路使用和電話訊號，使我經歷了一場徹底的社會孤立。雪上加霜的是，領導人和管理人員幾乎沒有展現出任何透明化的態度、關心、尊重、說明或感謝——換句話說，各種形式的正義和公平都是幾乎不存在的。最後，就算我想要做出與我的職責有關的決定，我也沒有權力或任何一點控制權，我也無法決定自己要什麼時候進訓練、什麼時候起床或睡覺，我只能等待上層的通知。

雖然環境很艱苦，但我帶到北京的是我在童年的逆境中，以及在義務軍訓中磨練出來的堅強意志、毅力、堅持、強韌、決心和意志力，我相信這一切都能經得起我所面對的考驗，能為我帶來助益——但我錯了。

幾週過去，我夢想的工作變成了一場噩夢，並帶給我巨大的打擊。起初，我感冒和流感的機率提高了，我將這一切歸咎於這座城市惡名昭彰的環境污染。但後來，我開始失去清晰思考的能力、注意力、動力以及快速和漸進式的學習能力。最後，我還付出了許多情緒成本。我的情緒低落逐漸演變成輕度憂鬱和焦慮，還以強迫症的形式出現，使我開始執著於對稱和秩序。

我不斷告訴自己，我以前經歷過各種挑戰，我可以利用我過去發展出和掌握到的資源和技能，來克服這些挑戰。我不斷自我對話，告訴自己「你辦得到的」；我試著盡可能地定期運動，避免喝酒，也限制自己只能早上喝半杯咖啡。但這還不夠，事實上，差得遠了。

我的健康狀況不斷惡化，迫使我轉變我的目標導向，從中長期的展望，轉變成非常短期的願望，例如我要怎麼撐過眼前的一天。我很困惑。這怎麼可能？我一生中經歷過這麼多非常艱難的狀況，但眼前這項挑戰對我的影響實在大不相同，而且範圍廣泛，導致我的情緒、精神和身體健康急劇下滑。我在數十年的掙扎中打磨和完善的韌性技能，在這種情況下似乎完全失效了。儘管我具有勇氣、決心和毅力，但我最終還是成為嚴重受逆境影響的那百分之三十四點三[5]的人之一了。

也許我是對自己太嚴厲了，畢竟我所經歷的許多壓力源，都是已知會導致身心健康受損的觸發因素。例如，長時間工作和過高的要求，會使焦慮、憂鬱或睡眠障礙的風險增加百分之六十，缺乏支持的狀況下，風險則會增加百分之三十；感覺不被重視或缺乏成長機會，會使風險增加百分之四十九；對自己的日常事物沒有發言權或控制權，則會使這些障礙發生的機率提升百分之四十二[6]。單獨來看，每一種壓力都已經足以對心理健康產生深遠的影響，但我卻是同時面對它們。現在回想起來，我當時撐得有多辛苦，也就不足為奇了。

經過漫長而艱苦的幾個月後，我終於有機會跟隨中國國家網球隊前往英國。五位極具天賦的女性，其中幾人的排名甚至是世界第一和第二，正要前往溫布頓（網球賽上最負盛名的賽事）參賽，而由於我對這項運動擁有豐富的經驗，自二〇〇二年以來一直與許多世界上最好的球員和球隊合作，官方便指示我陪同她們前往。

■溫布頓——新的機會

回到熟悉的網球世界，更證實了我在北京的工作環境所帶來的壓力，以及我的挑戰所產生的重量。溫布頓網球賽的興奮之情和忙碌、與朋友重新聯絡上的快樂，以及更在我掌握中的日程安排，在幾天之內就改變了我的身體和情緒健康。我再次開始奮力鍛鍊自己，我感到精力充沛、動力十足、充滿激情、專注，而且對生活感到興奮不已。整整三個星期，我感覺心理的負擔解除了，我也展現出自己最好的一面。但比賽即將結束，這意味著我很快就必須返回北京，再度面對所有的挑戰。這個事實讓我回憶起許多負面經歷，並引發我許多的負面情緒。

在活動的最後一週，我很幸運地得到一場即興而意外的輔導課程，老師是代表性的大人物比莉·珍·金恩（Billy Jean King），主題則是「重構」。「重構」是用來描述認知重新評估的另一個說法，也就是篩選和評估我們的想法，並用正面的思考去取代負面想法的能力。我們必須有意識地重新評估或重新解釋逆境，並在生活中的艱難狀況中找出積極的看法和有意義的部分。許多研究都證明，正向的重構是韌性的重要指標之一，尤其是對於青少年和運動員。[7]

我第一次見到比莉·珍·金恩是在二〇〇三年，當時我正在溫布頓與瑪蒂娜·納芙拉蒂洛娃（Martina Navratilova）合作，陪她克服長期腳傷。瑪蒂娜是我第一批國際網球大客戶之一。五年過去了，我又回到了SW19（溫布頓網球賽），儘管情況截然不同。一天深夜，在溫布頓體育館裡，比莉·珍和我一起踩著飛輪。我們開始聊天，一開始只是聊著比賽以及比賽的結果，但我很快就講到了我在北京的時光，以及它的挑戰是如何對我產生如此深遠的影響。

她親切地聽我說了幾分鐘，然後給了我一些建議，而我後來才發現，在我做出重大的人生改變時，這些建議有多麼重要，而且與提升未來的韌性有很大的關係。她傳授的第一個智慧是，壓力是一種特權。對此，她解釋道，當一個人身處一個期望很高、要求也很高的環境，這個人一定具備某種程度的內在能力、技巧和業界的認可。這和我有了強烈的共鳴，但這並不是我經歷心理轉折的時刻。是她的下一句話，自二〇〇八年六月那個晚上的閒聊以來，一直縈繞在我的心頭。她看著我，停止踩飛輪的動作，然後說：「記得這一點，理查，**所有的冠軍都有很強的適應力。**」

我想證明自己，並在我自己的能力範圍及團隊的定位上成為一名「冠軍」，但我意識到，我一直在堅持著舊有的技能、價值觀和信念，使我無法成長、進化並應對隨之而來的改變。

雖然在我們的對話之後我確實感覺好多了（至少是暫時的），但過了幾天，比莉．珍對我說的話，才真正進入我的意識之中。我開始思考我在職業生涯中學習和共事過的所有教練、運動員、醫生、訓練師和物理治療師，以及他們會如何應對我所獲得的機會。由於無法控制的壓力，這八個月以來，我一直看著自己哪裡不足，而現在，我終於意識到我的角色有多麼重要。在一個由運動員和教練所組成的優秀團隊中擔任任何一個職務，都不僅僅是一種榮幸，而是一個不太可能發生第二次的機會，而我必須欣賞和珍惜每一個寶貴的時刻。

■壓力是一種特權

在我理解自己的處境有多麼獨特之後，就算即將面臨進一步挑戰，我也不會放棄。「這是你一生只有一次的機會」，我每天都這樣提醒著自己。我不斷提醒自己壓力是一種特權，而這激發了我的動力和熱情。我的熱情確實被點燃了，但更重要的是，我現在能夠面帶微笑。回想起這段經歷，我意識到，我的外在條件其實沒有任何改變；這種轉變完全是從內在出發的。「**冠軍都有很強的適應力**」的概念，對我在球隊內外的未來影響最大。經過反思（以及非常深入的研究之後），我意識到，到目前為止，我其實一直都很僵化，而且無可否認，我一直停滯不前，而我採用的團隊帶領方式，只適用在需求和環境都截然不同的團隊和運動員身上。

> 壓力是一種特權。

我的健康和表現之所以一直走下坡，問題的根源就是來自於我無法適應。我知道我需要改變，只是我不知道要怎麼做，不知道該採取什麼行動來實現這一點。在韌性的層面上，我已經邁出了巨大的一步。當時我不知道的是，「壓力是一種特權」這個信念從根本上而言，就是認知重新評估的一種表現——這是所有韌性技能中最有影響力的技巧之一。我韌性之旅的下一步，是試著增加支持和強化團隊的關係，來改變整個團隊的活力。

我需要與團隊中的成員進行有意義的連結，但不可否認的是，我們的語言是個障礙。這是我展開行動的號召，所以我決定開始學習中文（或至少試著學習）。這其中的挑戰在於，我太習慣自力更生了，所以我很難開口尋求幫助。儘管與其他人接觸對我來說很困難，但我還是向團隊中一些受人尊敬且有影響力的成員尋求了幫助。雖然他們一直和我很疏遠，但令我驚訝的是，他們卻熱情地同意了。

冠軍會適應環境。

坦白說，我是一個糟糕的學生，也對中文中的語調充滿障礙，我似乎就是無法辨別這些音調之間的差別。中文使用四種基本聲調來區分不同的含義，而由於我在音調上的掙扎，我成為大多數團隊成員的笑聲來源和娛樂，因為我聽起來就像一隻十五歲的貴賓狗。我學得很不好，但這種尷尬卻很值得，因為它打破了僵局，推倒了防衛在我們雙方間的高牆。

我繼續沉浸在當地的語言和豐富的文化中，但更重要的是沉浸在我需要幫助的人們的生活中。我為自己的工作和生活方式打造了一個新的模板，具有完全的可塑性和調整性，並與我以前的任何工作方式都不盡相同。我學會了一些短句和單字（儘管沒有多少人真正聽得懂），我感覺自己終於可以足夠舒服地獨自探索這座城市（當我得到允許離開訓練設施時）。幾週之內，我的健康狀況便得到了根本的改善，而我相信這是因為我得到了更多的社會支持，我學會了認知重新評估的新技能，我變得更樂觀、更加開放，又不斷學會新的心理技巧，例如變得更主動和外向。這都是我從運動員身上學到的。

從本質上來說，我在童年和成年早期的所有掙扎中，根據我所面臨的忽視、虐待和不確定，我為自己打造出的軍火庫，在我目前的情況下已經完全過時了。對我來說，韌性不再侷限於強悍、力量和不惜一切代價堅持到底的態度。而這是我第一次看得這麼清楚。

韌性指的是情緒、精神和身體上，適應壓力、挑戰、逆境和變化的能力。

■即時適應力

我在北京的經歷證明了一件事，那就是你可以用中長期的眼光來看待適應力的提升，但你也需要有即時的適應力，而這種技能是需要經過一些練習才能掌握的。二〇二一年東京奧運藝術體操的個人決賽，就展現出了最高水準的即時適應力和認知的靈活性，並展示了在某些最困難和最具挑戰性的情況下帶來轉變的潛力。

先給各位一點前情提要，俄羅斯在奧運賽場上已經稱霸了二十一年。女子藝術體操個人全能已經成為了一個故事和某個可預見的結局代名詞。東京奧運會有什麼不同嗎？如果說會有任何改變，參賽者這次要面對的是一對強大的俄羅斯雙胞胎：迪娜·阿維里納（Dina Averina）和阿麗娜·阿維里納（Arina Averina）。這對雙胞胎在東京奧運前，總共從世錦賽、歐洲錦標賽、世界盃決賽、世運會和大獎賽決賽等主要賽事中得到了六十二面金牌，幾乎所向無敵。

在一群強大的體操選手中，一名競爭者立刻從其他選手中脫穎而出。以色列體操選手黎諾伊・阿珊朗（Linoy Ashram）的狀態好得令人難以置信，非常有競爭力和動力。儘管自一九五二年以來，以色列也贏得過幾面獎牌，但在國家的歷史上，以色列從未在藝術體操上獲獎過。

這項運動史上最引人注目的對決之一即將上演。藝術體操選手的評分標準，包括了音樂表演的藝術性以及使用手持器材執行高難度動作的技巧。這些道具包括一個呼拉圈、球、一對球桿和絲帶，而每位選手有七十五至九十秒的時間完成一系列的動作，來讓評審和觀眾刮目相看。

十名決賽入圍者在長寬十三公尺的墊子上爭奪珍貴的金牌。所有的動作和表演都非常出色，但最吸引觀眾和評審的，還是兩位選手黎諾伊・阿珊朗和迪娜・阿維里納之間的激烈對決。

在第一個項目中，阿珊朗以二十七點五五分的成績險勝了阿維里納的二十七點二分，以微幅的優勢領先。體育場歡聲雷動（儘管由於新冠疫情的限制，觀眾席中只有少數教練、醫務人員、家人和團隊成員），而以色列的支持團隊也欣喜若狂。在家裡看比賽時，我和妻子則是站在沙發上，高舉雙臂歡呼。

第二個項目是舞球，兩位體操選手以他們沉著、優雅和難以置信的運動能力迷住了觀眾和評審，他們以二十八點三分的成績打成了平手。雖然阿珊朗仍處於領先地位，但也只是帶著些微優勢進入第三個環節——球桿。這場比賽無疑讓這兩位選手發揮了最好的水準。阿珊朗贏得了這一輪，得分高達二十八點五六，超過了阿維里納的二十八點一五。緊張的氣氛持續加劇，所有人的目光都集中在體操選手之間的精彩競爭上。我的手心冒汗，呼吸急促，心臟怦怦狂跳。我感覺自己就在那個體育館裡，而不是在一萬四千公里外。

還有最後一項競賽——絲帶——這有可能會成為以色列重新定義歷史的時刻。帶著零點八五分的領先，阿珊朗需要非常扎實的表現，完美地結合技巧、執行與創意。她走上墊子，用手輕拍大腿，然後全心投入最後的表演。她的表現展現出先前的精準度和能量，但是不知為何，在她的表演進行到一半時，絲帶居然掉到了地上。現場的人群和全世界數百萬觀眾都屏住了呼吸，用手摀住臉。我躺在地板上，雙手遮著臉，反覆喊道：「不，不，不！」

阿珊朗短暫的失誤所造成的損失至少是零點三分，這有可能會直接讓她失去金牌。令人難以置信的是，她表現出了即時適應力最偉大的一次展現。阿珊朗毫不費力地拿起了絲帶，並決定在本來就已經很困難的體操動作中，加入更複雜的動作，藉此奪回分數。評論員們震驚不已，並反覆提起她在這種表演中重新排入動作的能力。在生活的任何一個領域中面對如此嚴重的錯誤或失敗時，許多人（或者說我們大多數人）大概都只想完成所謂的例行公事，並一邊在我們重新振作且對過去的失敗執著不已時，得到最好的結果。

但黎諾伊可不是這樣。這大概是我見過最驚人的自我控制、美麗和運動能力的展現——但這樣就夠了嗎？調整她的表演動作是正確的決定嗎？

阿維里納走上前，表演她的最後一個項目，臉上掛著小小的、自信的微笑。在我二十年的運動生涯中，我看過這種表情無數次了，這是即將成功的保證。正如我所預料，她的動作完美無缺，而作為世界頂級的藝術體操選手，這也沒什麼好奇怪的。評審和觀眾也都表示同意。

阿維里納的表演是比賽的最後一場，數十年來最令人緊張的藝術體操比賽也隨之落幕。為了避免絲毫的錯誤或爭議，評審們花了好幾個小時來審議最終得分。誰會獲得東京奧運、也就是第三十二屆奧運的冠軍？官方成績終於出爐了。迪娜·阿維里納獲得了最高的二十四分，而阿珊朗的改編動作則得了二十三點三分，而這足以讓她在四輪比賽中以零點一五分贏得領先。她是以色列藝術體操的冠軍和第一枚金牌得主，也是這個中東小國的女性選手獲得的第一枚金牌。

這一切所傳達出的教訓是，如果阿朗珊只是照著她原本編好的舞步，而不是即時調整，最終的結果將會非常不同。這也傳遞出了自信的力量，不要讓挫折——無論它們有多大或多小——打倒你、或者阻礙你實現夢想。

二〇〇五年，我第一次造訪莫斯科時，就學到了一句話，一直讓我很有共鳴，「nevozmozhnoye vozmozhno」——不可能的事情也是有可能的。在這個例子中，是一位適應性極強的以色列選手，給她的俄羅斯對手最強大的一則訊息。

第二部分：韌性的神經科學

自一九七〇年代初以來，人類的韌性就一直是一個備受關注的話題，並在各種群體和許多不同的時空背景下進行了廣泛的研究，為我們提供豐富的知識，可以將它運用在我們個人的生活和各自的挑戰中。這類的科學探索開始於幾十年前，那時主要是集中在童年時遭遇的逆境和發展。由於童年遭遇的逆境並沒有選擇性，也需要特殊的資源來克服，因此這也是本書下一部分的一個重要出發點。此外，這個領域中的知識和理解深度非常驚人，而且每天都還在持續增長。

本書在這部分，會為你提供許多深入的見解以及大量的技能。這些技能不僅能支持你發展個人韌性，最終也會促進你在生活中其他領域的成功，無論是職業還是運動，或是人際關係。

數十年的研究，最後歸類成八門核心的韌性課程，分別著重在童年對於塑造壓力反應的影響、內在個性如何影響我們對外的應對機制、進一步發展和完善現有韌性技能的重要性、新技能的習得，以及最值得關注的，是促進健康的重要性。結合這八大核心，如能讓它們成為我們看待和面對挑戰、困難、失敗、挫折以及痛苦經驗的基礎，便有潛力支持我們最偉大的夢想、希望和抱負。

兒童韌性和未來潛力領域中最有聲望的研究文章之一，是二〇一九年在《轉化精神病學》（*Translational Psychiatry*）[8]發表的一篇評論。由吉恩・馬利（Gin Malhi）領導的澳洲研究團隊，想辦法捕捉到了一系列關鍵的韌性理論和概念，並巧妙地將它們與遺傳、神經生物學、心理、行為和社會因素連結起來。接下來的文章中，許多深刻的人生教訓，都是從本文和類似的研究文章中汲取靈感的。

第一課 我們的個性能夠支持韌性

儘管適應性和認知的靈活度最能用來描述韌性，但現實是，韌性絕不是僅限於單一的特徵或行為。相反的，韌性非常複雜，有許多層次，也與一個人的個性和基因組成有強烈的關聯。

雖然我們的性格和基因強烈地塑造了我們感知、連結和參與外部世界的方式，它們能獨立、也能結合起來影響我們應對壓力的方式（例如壓力座標的激發和抑制），而這會決定最後是造成我們身體健康的損害（當我們無法管理這些反應時），或是成功適應（當我們可以管理壓力時）。

■五大人格加一

近五年的研究，得出了一組人格特質，是能夠積極影響我們對負面生活經驗的反應方式。這些特質已經得到證實，不僅可以保護我們免受逆境、挑戰與情感的傷害，

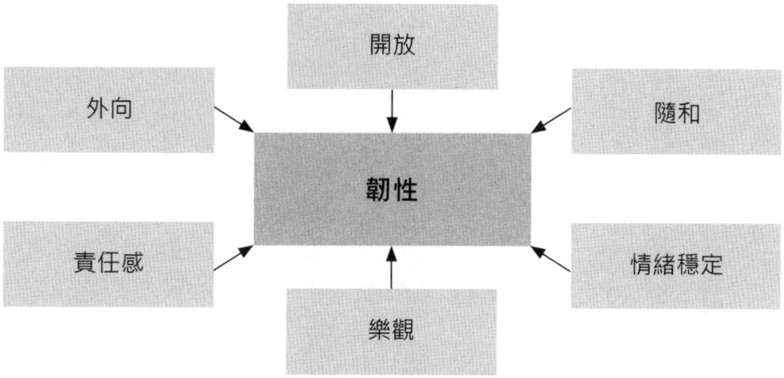

驅動韌性的人格特質

而且有可能增強和塑造我們未來的現實。這些核心特質包括了外向、開放、隨和、責任感和情緒穩定性。

日本、美國和加拿大的研究人員，在二〇一八年進行了一項大型後設分析，囊括了三十項研究，包括一萬五千六百零九名分析個體（成人和兒童皆有），並發現那些外向、開放、友善和有責任感的人，明顯地有更高的韌性水準[9]。研究審查發現，這些特質可以支持韌性的發展，無論是單一特質還是組合，而其中最明顯的積極影響，是外向和責任感。

同時，那些表現出焦慮、消極和自我懷疑（也就是神經質）的人，在面對挑戰和壓力事件時的適應能力比較差，在情緒和精神上也更脆弱。

這些特質能支持我們快速適應奇異和不可

預測的情況，而且會大量影響我們的社會信心、洞察力、原創性和敏感度的提升與表達，所以，這些人格特質通常被稱為「五大人格」。

現在你可能會想：「但是如果我沒有這些特質呢？這代表我就沒有韌性嗎？」事實是，只要我們願意，我們都有辦法發展並養成這些特質。這讓韌性變成我們都觸手可及的目標，不管你在人生中的哪個階段、或是你遇到哪些類型的問題。

在我們討論和探索各種正面影響「五大人格」的方式之前，非常重要的一點是，我們需要把它們放在量表上來看待，而不是單純地用「我是」或「我不是」這種兩極化的方式看待任一領域的特質。

這個快速的小測驗，可以幫助你找出這五組特質中的關鍵強項與弱項，並幫你建立未來成長和自我進步的方向。我的建議是，你可以和親近的朋友、家庭成員或伴侶一起進行這個測驗。這樣我們就可以避免常見的盲點，不是看到我們想要的部分，而是看見我們需要的部分。

圈出最適合描述你人格特質程度的數字，然後再請你的夥伴客觀地幫你評分一次。你將在這個過程中釐清答案。

這個基礎測驗的美好之處，就在於它的簡單與透明。

我覺得我		我覺得我
對新點子很封閉 很好預測、有固定行為模式 抗拒改變 保守	**開放** 1 2 3 4 5 6 7 8 9 10	享受新的體驗 充滿好奇心 不傳統、不墨守成規 充滿想像力
衝動且不可靠 沒有條理 喜歡拖延時間 容易產生反應、不會規劃	**責任感** 1 2 3 4 5 6 7 8 9 10	自我約束力強 通常很有條理 有目標性 負責且可靠
安靜、喜歡反思 保留 自我意識強 不喜歡成為焦點的中心	**外向** 1 2 3 4 5 6 7 8 9 10	擅長社交 享受鎂光燈 喜歡外出 溫暖
有點焦慮 容易煩躁 壓力大 情緒起伏大	**情緒穩定** 1 2 3 4 5 6 7 8 9 10	平靜 算是有自性 情緒穩定（大多時候） 適應力強
容易懷疑 強勢 頑固 有點不體貼	**隨和** 1 2 3 4 5 6 7 8 9 10	寬容 謙和 同理心強 利他主義

超越認知偏誤

最近我與一位非常親密的朋友克雷格講了電話，他告訴我他在工作中面臨了一些挑戰、以及這些苦惱為他帶來的痛苦。他在一家跨國企業工作，那裡的工作環境是非常命令與控制型的風格，幾乎沒有任何自主權、彈性、創意或個人表達能力可言。同時，組織和內部的政治環境也存在著巨大的內訌，領導階級內部有著嚴重的權力鬥爭。能得到欣賞與成長的機會很少，因此形成了一個非常壓抑而無趣的環境。但克雷格的薪水很高，且又有一個大家庭要照顧、以及許多經濟上的責任存在，因此無法（或者說不願意）辭職去尋找更健康的職業環境。他唯一的選擇就是培養自己的韌性，並努力讓自己更能夠應對無情的挑戰與壓力。

我問克雷格對自己的性格有什麼看法。

「你的心胸開闊嗎？」我問。

「非常開闊。」他回答。

我繼續問道：「你認為自己有責任感、隨和、外向，又情緒穩定嗎？」

克雷格表示自己很責任感、也很隨和，但他並不外向、情緒也不算穩定。

然後我們一起進行了前述的簡單評估，以整體的角度看待這些特質，並把它們放在一個量表上，而不是明確的是或否。令他驚訝的是，克雷格在開放性這一項得分很低，在責任感與在外向上得分較高，在情緒穩定上的得分較低，在隨和度的得分則是中等。

克雷格客觀的自我評價，告訴了他需要發展的核心重點領域，好讓他能夠建立並增強他的韌性。這些領域都和他的開放性與情緒穩定度有關。

克雷格的韌性培養計畫會集中在四種行為上：

1. 規律（每日）的有氧運動，以支持多巴胺（可以驅動開放性和創意的分子）、BDNF（腦源性神經營養因子，能夠支持情緒穩定和認知潛力）和血清素（影響情緒行為和認知靈活性）的產生。
2. 透過每天十至十五分鐘的冥想、深呼吸或瑜伽來改善壓力管理。
3. 決定更有意識地檢視日常問題和挑戰，並問自己：「我該如何用別的方法處理這個問題？」
4. 承諾在困難的過程中更加堅持不懈。

人格特質與大腦化學

遺傳學和神經化學對人類潛力具有非常深遠的影響，因此「五大人格」受到這些因素的強烈影響，也就沒什麼好意外的了。針對充滿韌性的人格特質，最有影響力的神經化學物質包括了多巴胺、去甲基腎上腺素（特別與外向、開放性、責任感和隨和度有關）、催產素（會強烈影響外向程度與責任感，並避免神經質）以及血清素（支持情緒調節與開放性）。

雖然催產素和血清素的角色很重要，但從五大人格的層面來看，更重要的是多巴胺和去甲基腎上腺素。

多巴胺和去甲基腎上腺素有著明顯的合作關係，可以彌補好奇心和自律、想像和目標導向以及自信和謙遜之間的鴻溝。當這些神經化學物質的表達、運送、信號傳導和新陳代謝處於理想的平衡（不要過多或太少）時，韌性就會蓬勃發展，而我們的個性特質就會大放異彩，尤其是在面臨挑戰和逆境的時刻。

要支持和維持理想的多巴胺和去甲基腎上腺素的正常值及平衡，其中一個更重要的影響因素，是兩種酶：兒茶酚甲基轉移酶（COMT）和多巴胺β-羥化酶（DBH）。

DBH 是一種負責將多巴胺轉化為去甲基腎上腺素的酶。去甲基腎上腺素是一種神經化學物質，它對韌性的影響，遠遠不只是在我們的性格特徵上而已。它的其中一些影響包括了防止焦慮、提升注意力和專注力，以及調節血糖值。兒茶酚甲基轉移酶

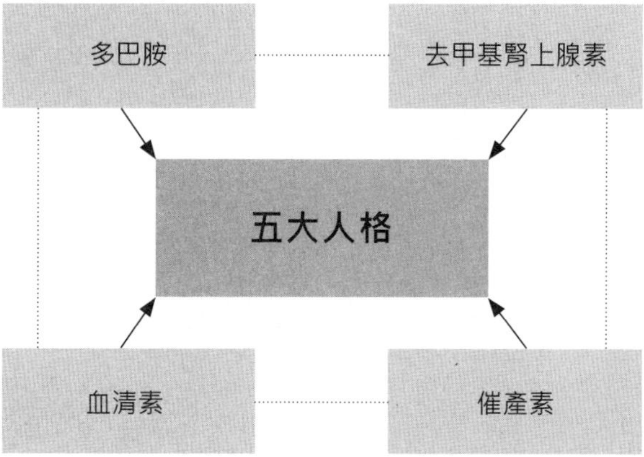

影響五大人格特質的主要神經化學物質

（COMT）則是會使多巴胺、去甲基腎上腺素和腎上腺素等神經化學物質失去活性的酶之一，可以根據特定情況的需求，確保我們大腦內部的最佳平衡。這種細緻的平衡，最終也會影響我們的適應力、情緒穩定性和認知功能，以及我們個性的許多層面。

重要的是，我們要記住一個基本的韌性原則，就許多層面來講也是本書的核心前提，那就是，我們的神經化學是我們許多行為背後的原因。同時，這種關係是雙向的（我們的行為也會決定並影響我們的神經化學）。此外，技能發展和習得（例如看見逆境所帶來的好處、情緒的調節等）的伴隨的另一個重要因素，就是有意識地促進和調節神經化學的平衡。就五大人格特質的培養而言，這代表我們需要支持與平衡兒茶酚甲基轉移酶，因為它會影響多巴胺和去甲基腎上腺素的代謝。

其中一個好作法，是確保你獲得豐富的維他命B群，特別是B_2、B_6、B_9、B_{12}和維生素D，以及來自食物或營養補充劑的鎂，因為這些營養素是體內產生這種酵素所必需的。

人類的個性和獨特性在兒茶酚甲基轉移酶的表現中最為明顯。基因研究顯示，個體遺傳的某種突變，有可能會急劇增加兒茶酚甲基轉移酶的表現，或者會使它的產量減少百分之三百到四百。[10]

這個突變所帶來的結果，可能會長期升高、或降低多巴胺、去甲基腎上腺素和腎上腺素的分泌值，而它們都會影響我們有效處理壓力的能力，並對我們的性格許多層面產生負面影響，使我們變得不那麼自信、更加孤立和封閉。這正好凸顯了在提升你的韌性過程中，進行個人基因測試的價值，而更根本且重要的，是能夠意識到會影響兒茶酚甲基轉移酶表現的所有因素的重要性。

環境與個性——世界的碰撞

我們身處的環境對我們性格的影響，很少一起討論。這裡所說的環境，特別是指化妝品、家庭清潔用品、食品容器、加工食品、環境化學物質、重金屬以及空氣和水質。這些因素都應該要一起考慮進去，因為它們充滿了異雌激素和其他潛在有害的複合物質。異雌激素是一種類似雌激素的化合物，來源可以是天然的，也有可能是合成的。

就許多方面來說，我們的個性和身邊的物理世界之間的連結線就是兒茶酚甲基轉移酶。兒茶酚甲基轉移酶不僅在多巴胺和去甲基腎上腺素的代謝中發揮了重要的作用，也能分解、並從我們體內排除異雌激素[11]。由於兒茶酚甲基轉移酶的產生受到嚴格地控管（也就是有限的）又與基因遺傳有關，長期暴露在異雌激素下，可能會對壓力性荷爾蒙的代謝和免疫系統的反應產生負面影響，使壓力反應過大、而且持續不斷，情緒也可能變得更加脆弱。

要更加支持五大人格特徵的發展和（或）完善，我們就需要調整多巴胺和去甲基腎上腺素的代謝，如果我們對週遭的環境有更多了解和選擇會很有幫助，尤其是對於那些酶生產不足的人（也就是 COMT AA），以及在面對壓力事件時容易感到焦慮和不知所措的人。

化合物	管理策略
殺蟲劑和除草劑	如果可以的話，請盡量選擇有機水果和蔬菜。或者洗得更乾淨再食用。
多氯聯苯	控制飲食中攝取的動物性脂肪。包括奶油、起司、鮮奶油、家禽和肉類。
雙酚A（BPA）和鄰苯二甲酸酯	盡可能減少與塑膠的接觸。可以用玻璃、不銹鋼和其他天然產品代替塑膠容器和製品。
烷基酚	盡量選擇天然的洗滌用品和個人護理產品。藥局和大型超市都可以提供天然和無毒的選擇。
對羥基苯甲酸烷基酯（對羥基苯甲酸酯）	避免使用食品防腐劑，並盡可能使用天然的個人護理產品。
金屬雌激素：鋁、鎘	避免接觸香菸煙霧和含有鋁的個人護理產品，特別是除臭劑和止汗劑。
合成黃體素和雌激素	這些化合物存在於生育治療、避孕藥、荷爾蒙替代療法和某些個人護理產品中。或許會很難避免使用。如果你正在服用這些藥物，請向你的醫生諮詢生活方式的改變，好提供類似的支持。

為了討論這個複雜的主題，我在前面附上了表格，列出我們會每天接觸到的某些常見異雌激素，以及減輕這類負擔的方法，進而保護我們的身體和思想[12]。

■ 加一的部分：樂觀

樂觀會反映你對未來的看法有多正向。多年來，樂觀與韌性之間的關係，一直是研究的關鍵領域之一。舉例來說，《心理學與行為科學雜誌》（暫譯，*Journal of Psychology and Behavioral Science*）在二〇一五年發表的一項研究表明，更樂觀的孩子，自我效率和滿足感往往也更高，因此更有韌性[13]。許多研究也證明，樂觀的態度可以調節交感神經張力（也就是我們神經系統的戰或逃功能），藉此增強韌性，它也可以減少發炎反應，降低皮質醇、並確保血壓穩定。

與五大人格特質一樣，樂觀的感知和體驗也有強力的影響分子和驅動力，也就是荷爾蒙和神經肽——催產素。催產素與許多強大的韌性表現有關，包括異常壓力的調節、自信的增強，甚至是意義和目標的感受。

稍後在本章節中，我們會將探討催產素更廣泛的功能與影響，以及要如何透過我們的飲食、營養補充品的使用、可以進行的活動、需要為自己創造的環境，以及最值得注意的是，我們可以採取何種行為，促進與增強這種神經肽。

■基因、個性與未來的現實

現在，我們已經可以理解，每個人的基因組成都會成為內在韌性的重要因素。研究顯示，基因對情緒調節的影響至少有百分之二十到三十，對氣質的影響則是百分之五十六，對個人執行功能的影響高達百分之九十九[14]。近年來，遺傳學家和精神病學家已經能夠發現某些主要的基因變異，會更容易受到負面環境的影響、也更容易受到情緒和精神損害。

但無論多麼觀察入微的研究，這種框架都還是有點僵化，而且太過武斷了，好像一旦你擁有某些基因表現，你面對未來挑戰和逆境的能力可能就會受到損害，或者至少在沒有醫療干預的情況下受到限制。

我們不僅僅是先天的設定而已

加州大學的研究人員傑伊．貝爾斯基和莎拉．哈特曼就反對這種僵化的偏見，他們不認為遺傳基因的變異會定義一個人的情緒狀態和未來的脆弱與否[15]，也認為某些基因表現應該稱之為「可塑型」而不是「脆弱型」基因。

這代表，在壓力和充滿挑戰的狀況下，許多有可能會增加精神障礙風險的基因變異，有可能帶來明顯的好處，只要我們能夠為自己創造出適合的個人條件，這樣的基因就會成為一種優勢。簡而言之，如果我們創造出一個充滿支持和關懷的環境，擁有充足的營養，定期運動鍛鍊，盡可能廣泛地學習，每天接受陽光照射和冥想，我們的基因風險不僅會消失，而且有可能成為強大的韌性與表現優勢。簡單來說，我們的弱點其實是我們的優勢。

> 當面臨長期壓力時，我們的許多基因會增加心理或情緒問題的風險。但是如果在充滿支持的環境下，就會帶來好處。

例如，兩個比較多人熟知的可塑型基因，其中一個是5-HTTLPR，它帶有一種可以轉運血清素的蛋白質，第二種則是多巴胺受體基因（DRD4）。這些基因，之前被精神病遺傳學家認為是主要的脆弱基因，會使這種基因的攜帶者更容易焦慮、憂鬱、或有更高的壓力反應[16]、強迫症和注意力不足過動症(ADHD)[17]。

然而，貝爾斯基和哈特曼卻證明了，這些基因多樣性只是讓個體對周圍環境更加敏感，並不一定會對情緒和心理健康造成損害。實際上，這代表著那些具有5-HTTLPR基因的孩子，如果在一個具有強烈道德方向的家庭中長大，受到愛和關注，擁有積極回應他們的父母，並且過著相當健康的生活，他們就可以適應、成長和茁壯，而且無論外在世界有什麼挑戰，都能充分發揮自己的潛能。相較之下，遭受虐待、忽視和反社會行為的兒童，則更有可能在面對壓力和挑戰時遭受精神和情緒問題。

- 特定基因變異也許會使我們對環境更加敏感。
- 無論一個人的基因是什麼樣子、又或者我們面對什麼挑戰，如果我們有辦法創造出一個鼓勵、正向、關懷、熱情而支持的家，我們就會擁有韌性。

至於惡名昭彰的注意力不足過動症基因多巴胺受體基因（DRD4），當母親擁有很強的積極性，或是當他們成長的環境充滿好的社會行為（也就是關懷、支持、慈善、同情心和同理心），又擁有許多早期家人之外的接觸環境（建立多樣化的社交關係）、強大的社交能力和全面支持的話，擁有這種基因的兒童，便會有優秀的行為和認知表現。另一方面，具有相同基因的孩子，如果出生時的體重較輕，又經歷過嚴重的童年困境和其他長時間的負面刺激，例如缺乏愛、溫暖與支持，他們往往會有動力、學習、專注力和注意力的困難。

> 你的弱點也許就是你的優勢。

沒有不好的基因，只有不好的環境！

各位家長和領導者，讓這句話成為我們的行動呼籲吧。我們對孩子以及在我們影響範圍之內的人所帶來的影響，其實比我們想像的還要大。提供他們一個積極、鼓勵、關注、關懷、信任、同情、同理和支持的環境，會大大幫助他們發揮內在的潛力。

至少有六個已知基因（見下一頁的表格）會使我們在童年和往後的生活中，對環境更加敏感[18]。十幾年前，我透過 DNA 測試，發現我帶有以下六種中的四個基因，而我非常熟悉現在和過去的環境，對我的韌性和潛力造成了什麼影響。

個人DNA測試

知識就是力量，而為了充分支持和開啟韌性之旅，進行個人的 DNA 分析會讓你得到關於基因組成的寶貴資訊。要需要評估的基因包括六個脆弱基因、兒茶酚甲基轉移酶，以及反映免疫系統行為的重要基因（最著名的是白細胞介素 6 [IL-6]），但至少有十六個基因會直接影響我們對挑戰的反應、脆弱與否，以及最終克服逆境的能力。

圖表：主要「可塑型」基因與其扮演的角色

基因	首要的行為影響	基因在具有挑戰性的環境中可能產生的負面影響	在受到支持的狀況下的正面效果
腦源性神經營養因子（BDNF）	促進智力、記憶力、資訊保留的能力、認知能力、創意，預防焦慮和憂鬱	壓力引起的情緒脆弱、認知潛力降低、學習和閱讀困難	減少面對逆境時的情緒脆弱度、更大的學習潛力、增強記憶力（百分之二十五）和更高的智商
催產素受體基因（OXTR）	減少壓力的強度和持續時間，促進信任、同理心、自信、樂觀、勇氣和平靜感	更大的壓力反應、關係緊張、失去意義感與目的感、面對壓力時的情緒更加脆弱	卓越的韌性、減少焦慮和憂鬱、良好的精神敏銳度、與他人的連結更加緊密、增強的信任感和積極的自我形象
FK506 結合蛋白 5 (FKBP5)	對壓力感知和反應有深遠的影響	情緒、行為、學習和睡眠障礙的風險增加	更好的壓力調節、降低情緒障礙的風險、提升認知潛力
單胺氧化酶 A（MAOA）	可以確保多巴胺、正腎上腺素和血清素的最佳平衡，支持認知和情緒的完整性	（研究還在進行中）	（研究還在進行中）

（續下頁）

（續上頁）

5-HTTLPR	支持情緒穩定（尤其是在充滿壓力的條件下）、正向的社交行為和增強認知	對逆境更加脆弱、陷入焦慮和憂鬱的風險增加、面對壓力的反應更大、隨著年紀增加，壓力情境下的認知功能也更差	卓越的恢復能力，能情緒穩定地面對壓力、降低憂鬱和焦慮的風險
多巴胺受體 D4 (DRD4)	促進認知、增強學習和記憶、支持適應性、調節情緒和複雜行為	過動症、強迫症、學習困難、記憶力受損、衝動、尋求刺激、憤怒和具有攻擊性	更強的適應力、強化認知和學習能力、改善問題解決能力、更強的記憶力、更不易怒、更容易寬恕他人

進行 DNA 測試非常方便，世界各地的生物技術實驗室都有提供這樣的服務。這通常只需要簡單的口腔黏膜拭子或指尖取一點血就可以了。採集好樣本並送回實驗室後，通常需要六到十四天的分析時間。實驗室會總結一份報告，提供基本的引導和方向。請記得安排專業人士諮詢，以便對於結果可以得到更好的解釋。

同樣重要的是，請記住，有許多現行的模板並不會評估韌性這部分，而是評估一般身心健康、運動潛力、藥物相容性等等。雖然這些都可以提供有意義的見解，但這可能不是你在自我實現之旅中尋找的資訊。

二〇二一年時，我與南非的 DNAlysis（南非醫療實驗室），還有其他國家的 DNAlife 合作開發了第一個（也可能是唯一的一個）DNA 韌性模板，這個模板的重點是檢視那些會促進韌型，和對釋放人類潛力最有影響力的基因。這些深有洞見的資訊，可以使你未來要優化生活方式時，決策的過程變得更容易、更清晰、更有效。

■重點整理

在如今這個時代，要保持韌性，就意味著我們需要做出個人承諾，培養自我意識，並與周圍的世界有更多接觸。你會需要一定程度的勇氣，同時，你也要認知到，當我們踏出舒適圈時，勢必會遇到一些不舒服的時刻。

現在，是時候讓我們的好奇心和想像力大膽地自由發揮了，同時，我們也應該讓自己變得更結構化、更自律和目標導向。這樣一來，我們就更有機會實現夢想、希望和熱情。

更重要的是，我們需要逐步建立我們的社交信心和對人的溫暖。如果沒有付出足夠的努力來好好調節我們的情緒、展開自我對話和追求平靜的心靈，這個目標就會變得遙不可及。

最後，我們必須再次學會寬恕。我會說是「再次」，是因為身為年幼的孩子，我們既不會抓住情緒的內容，也不會根據過去的經驗和失望來批判他人。每一刻都是一個全新的機會。在這個複雜而充滿挑戰的世界中，我們這些成年人身處其中，我們不能以要求過高的懷疑論者姿態成長與前進，而是必須變得更加無私、更有同理心和包容力，無論是對自己、還是對他人。

■章節小結

- 內在個性會驅動韌性。外向、開放、隨和和責任感等特質，會使你面對逆境時較不脆弱。
- 神經質的傾向會降低韌性。
- 外向性、開放性、親和力和責任感，會受到神經化學物質多巴胺、去甲基腎上腺素、催產素和血清素的強烈影響。
- 兒茶酚甲基轉移酶酵素有重大的功能，能確保神經化學平衡，也能讓你在充滿挑戰性的環境中表達自我。
- 為了確保兒茶酚甲基轉移酶的正確產生，維持維他命B群（B_2、B_6、B_9、B_{12}）的充足供應非常重要，無論是透過飲食或補充劑。甘胺酸鎂或L-蘇糖酸鎂，在這方面也可以提供支持。

- 兒茶酚甲基轉移酶酵素水準會受到遺傳、行為和環境的影響。
- 雖然許多基因表現會增加面對逆境的脆弱性，但在健康、支持和養育的條件下，它們的影響就算不能完全逆轉，也會稍微減弱。
- 正向的社會環境，可以防止重要遺傳因素帶來的精神和情緒損害。

第二課　童年會如影隨形

我們的韌性受到許多外在因素的影響，包括遭受的挑戰是哪種類型、是在我們人生的哪個階段、遭遇的逆境持續了多久，以及經歷的強度有多強。

在童年時期的逆境中，最常見的是忽視、虐待（又或者兩者皆有），以及生活的不確定性。令人難過的是，童年時期受創的情況，比我們意識到的或願意接受的普遍得多。根據衛生保健政策部門和哈佛醫學院的研究人員所稱，來自高收入國家的青少年中，有百分之五十三點四的人經歷過某種形式的童年逆境。[19]

在低收入和中等收入的國家中，這項研究的數據很少，但所有的跡象都表明，不好的童年經歷發生的機率遠高於此。非洲南部在二〇二〇年發表的一項研究顯示，四分之三的青少年曾遭受過四種或以上的逆境。[20]

越過大西洋來到南美，一項歷時十八年、針對三千九百五十一名巴西青少年所進行的觀察研究顯示，百分之八十五的青少年至少經歷過一種不良的童年經歷。[21]

研究中提到，較常發生的事件包括父母離婚、家庭暴力和虐待（不論是身體、情感或性）、忽視（不論是身體或情感）、家庭經濟困境和父母的精神疾病。心理健康的損害是世界上目前面臨最大的挑戰之一。在美國等高收入國家中[22]，父母的心理健康問題，每五個孩子就會有一人遇到，在巴西等中等收入國家，則可能是每兩個孩子就有一個。

■不好的童年經歷會導致心理健康受損

早年的創傷和逆境，剛好是許多常見心理健康問題（包括焦慮、憂鬱、睡眠障礙和成癮症狀）最可靠的預測因素。此外，它們也會加速老化[23]和讓人過早死亡，特別是在女性中[24]。根據世界衛生組織的一份報告，這份報告從二十一個國家取了五萬一千九百四十五名參與者的數據，有百分之三十的心理疾病是來自於童年創傷。[25]

> 有百分之三十的心理疾病是來自於童年創傷。

不過，越來越多人認識並理解不同的童年生活困境，也知道各種經歷的強度和持續時間，會引起不同程度的生理損害，而這通常會稱之為適應負荷（allostatic load）。

二〇一七年，來自加州大學和西北大學的一組研究人員，發現了影響兒童發展的童年逆境，其中常見因素包括了身體威脅、中斷的照顧和不可預測的環境條件[26]。這個研究團隊的目的是澄清是否有特定的生物特徵，會與青少年遭遇不同類型的逆境有關。

> 不同的童年逆境，都會帶來獨特的生物特徵。

雖然眾所皆知的是，所有童年的逆境都有可能會破壞我們人生中的免疫和壓力荷爾蒙反應，但這項研究的人員發現，不同的創傷會產生獨特的生物特徵，並持續存在於人的一生中[27]。

身體虐待和創傷

這項二〇一七年的研究表明，身體遭受的創傷，無論是虐待、手術或是重大身體傷害，都與壓力軸（也就是下丘腦－垂體－腎上腺 [HPA] 軸）的過度反應有關，也會使慢性全身發炎的免疫反應增強。換句話說，在身體承受虐待後，所感知到的後續壓力（情緒、身體或環境壓力）都會比實際上還要來得大，在此之後，不成比例且嚴重失調的免疫系統，便會造成自身生物系統的破壞。

然而，因為應對生活中的恐懼、身體傷害和持續的創傷威脅，壓力軸持續過度運作，導致腎上腺（身體負責生產皮質醇的區域）喪失反應，無法應對腎上腺皮質激素（ACTH）的生產，這是一種會啟動壓力反應的荷爾蒙的健康問題。換句話說，你的身體會很難產生皮質醇。而皮質醇過低的症狀，則會包括憂鬱和焦慮、慢性疲勞、身體虛弱、精神錯亂、身體疼痛、皮疹、過敏，甚至心率異常[28]。

> 如果你經歷過充滿逆境和挑戰的生活，你可能可以請醫生評估一下你的腎上腺功能。Dutch 檢測（Dutch Test）提供了更全面的資訊，在世界各地都可以做。

忽視與情緒虐待

同樣的，身體虐待、創傷和缺乏照料所帶來的生物特徵，會在未來影響我們的韌性。失去父母、分離、過少（或不存在）的父母關懷、忽視和情緒虐待，則會有可能造成我們未來無法調節皮質醇、也無法使HPA軸保持在正常狀態。換句話說，我們根本無法有效地關閉我們的壓力軸，即使不到幾天，連最微小的不安也會持續好幾個小時。這可能會導致許多疾病，包括體重和消化問題、胃酸分泌過多導致胃灼熱和胃食道逆流、睡眠障礙、反覆受傷和骨骼異常、大腦結構和功能的變化、情緒和精神損害以及免疫系統異常。

不確定性和不安全感

同一篇研究論文還顯示，不可預測的環境，包括暴力、意外、自然災害（例如新冠疫情大流行和烏克蘭戰爭）和貧困（南非和世界各地數百萬人的生活），都有可能造成壓力軸過度反應。在這種總是提高警戒的狀態下，一切事物都會引起壓力反應，讓受影響的人感到持續的「緊繃」和「焦躁」，並且提高皮質醇分泌和發炎反應。

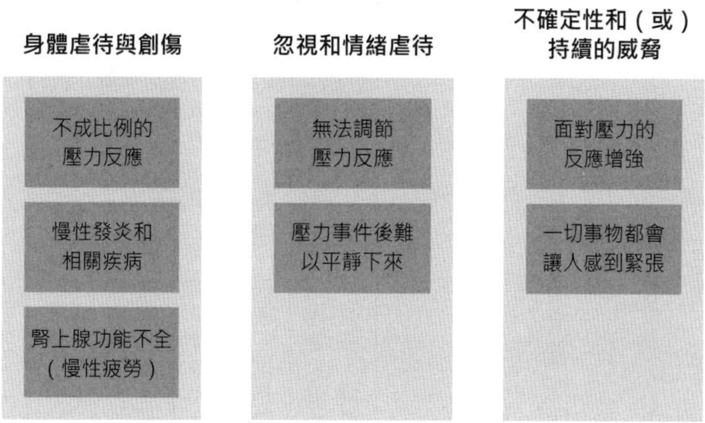

最脆弱的歲月

儘管無論是發生在童年的哪個年齡或階段，不良的童年經歷所帶來的負面影響，都會損害韌性的潛力，但最脆弱的時期，似乎是生命剛開始的前六至十二個月，特別是在母親缺席的情況下，再來就是青春期（尤其是在經濟不穩定的狀況）。

下方的表格，總結了各自獨立的童年經歷，但在許多情況下，很多兒童是同時經歷一種或多種逆境。

家庭或團隊的韌性：為了創造一個韌性的環境，有三件我可以做的事

成為榜樣	試著在情緒上更加謹慎和一致（尤其是在面對壓力時），表現出脆弱和真實性（例如：我是一個還沒有完工的任務，我還有缺陷，而且正在努力），對他人表現出更多同情和敏感度（即使他們惹你生氣），並表現出符合你價值觀和道德的勇氣和信念。
緩衝和保護	努力創造豐富的支持性社交環境，並促進歸屬感。承認你周圍的人對這個世界的獨特貢獻，並有意識地表達你的感激之情，努力讓他們覺得自己更有價值。最後，則是鼓勵家人的獨立性和責任感。
支持個人成長	強調高標準的重要性，鼓勵創意和個人的特質，提倡豐富多元的活動。重視睡眠、營養、經常運動和定期放鬆，以便促進健康。

從這項研究中可以得出一個顯眼的結論，儘管我們習慣相信童年時期的艱辛和痛苦可以造就具有韌性的兒童和成人，但證據卻顯示正好相反。事實上，我們成長過程中所承受的巨大壓力和挑戰，往往會削弱和損害我們未來的適應能力。要培養未來的韌性，最好的方式就是創造一個環境，充滿多樣的活動、健康的食物、擁有品質更好的睡眠、提供各種形式的支持、促進歸屬感、鼓勵獨立發展，並激發自我價值感。

無論你是過去充滿了挑戰、並希望增強未來韌性的成年人、負責團隊的領導者、

監督學生的老師，還是試圖為孩子創造最好的生活的家長，這種培養的模式，都提供了簡單的模板，更有可能為他們帶來光明和成功的未來。

■五十道陰影——劇烈的挑戰能提升韌性

儘管忽視、虐待和不確定性等童年的逆境，會傷害受害者的精神、身體和情緒健康，但更重要的是，我們要認知到，壓力和挑戰不僅很重要，而且對於增強韌性是絕對必要的，也能幫助我們發揮生活的潛能。從根本上來說，最主要的差別是逆境的規模、持續的時間，以及最重要的，可運用的支援到什麼程度。日常中的障礙和考驗不會完全壓倒我們的適應機制，當有適當的情感、工具和資訊支持輔佐時，便會非常有幫助。生活中有許多例子，包括測驗和考試的壓力、體育訓練和競爭、面臨日常障礙、經歷失敗和挫折、教育和社交技能發展。

我的祖母（來自波蘭）始終堅信「殺不死你的，就會把你養胖」。不幸的是，如果說到童年的逆境，「殺不死你的」東西可能會嚴重影響你以後生活的健康和韌性。我會這樣說，是根據我自己的人生經驗所得出的。

雖然以下的例子都是例外、不是普遍的現象，但卻有許多兒童面臨著困難和挑戰，包括身體虐待、忽視和嚴重不可預測的環境，而且同時遭遇一種或多種，然而他們卻具有高度的韌性。盧卡斯·拉迪比 (Lucas Radebe)、西亞·科里西 (Siya Kolisi) 和歐普拉·溫芙蕾 (Oprah Winfrey) 就是完美的例子。

他們是如何克服擺在他們面前，如此艱苦的困境？這其中的答案有太多層次、太多因素，也與許多內在的原因有關，例如性格和遺傳，但這也與雪梨大學的吉恩·馬利和他的團隊所說的「鍛練」和「強化」有關。這也是我們下一個章節的基礎。

■ 重點整理

我們為自己、家人和團隊所創造的環境，最終會決定人們的韌性。最理想的環境，是挑戰伴隨著支持、關懷、尊重、尊嚴和持續的鼓勵。

■ 章節小節

- 韌性在很大的程度上，受到我們成長的童年環境影響。
- 令人難過的是，童年時期的逆境在高收入和低收入國家都極為普遍。

- 父母離婚史、家庭暴力、虐待、經濟不穩定、父母精神疾病和許多其他不良童年經歷，對成年後的心理健康損害有很大的影響。
- 我們小時候所經歷的逆境類型，在未來的生活中，會產生獨特的情緒特徵和隨之而來的生物特徵。
- 雖然我們無法改變過去，但我們擁有決定未來的巨大潛力。創造和促進健康、支持性、包容性和自主性、充滿意義和目的的環境，將大大幫助我們增強個人的韌性。
- 不要害怕挑戰與逆境。頻繁但短暫的挑戰，並不會摧毀我們的適應力，且只要伴隨著支持，就可以成為韌性的良好驅動力。

第三課　新挑戰、新技能

談到關於韌性的「磨練」，是指一個人利用自己現有的適應技巧，並進一步完善或發展這些技巧的過程。而這可以讓我們在面對現有和潛在的新挑戰時，變得更強韌。在人生更困難和痛苦的時期時，有些技能和行為會結合起來，成為強大而有效的生存工具。雖然它們在我們生命中某個特定時期的價值或其必要性是無庸置疑的，但更重要的是，我們要有這些特徵可能會以過度運作、失調或介於兩者之間的方式出現的清楚認知。

一種非常常見的功能失調是，當一個孩子正在遭受持續的情感和心理虐待時，他們會築起一道高牆（儘管是暫時的）以防自己受到周圍的苦痛和傷害，而這會使他們在情感上變得疏離，並與身邊的人脫節。

然而，如果他們感到情感上安全（也許永遠不會發生），這些高牆就會自動收回，暴露出他們最真實的自我，而這種自我往往是溫暖、脆弱而敏感的。不幸的是，這種狀態很少持續太久，因為當孩子又經歷到有毒的情緒或不安全的環境時，無論這只是他的理解、還是現實，這種鎧甲都會立刻重新出現，而且通常會比以前更加的強化與極端。這通常也是一種根深蒂固的潛意識反應。

相反地，當然也有一些正面的磨練案例。隨著年齡的增長，我們會學到，慢性壓力、恐懼和焦慮的經歷，可以透過健身或定期運動等方式來緩解。為了應對家中的虐待、忽視或環境的不確定性，孩子可能會全心投身體育活動，在訓練、練習和比賽上投入過多的時間。這種習慣可以幫助他們逃避家裡嚴酷、有時甚至是痛苦的現實。隨著時間的推移，他們可能會變得非常精通自己選擇的運動，為以後的生活打開一扇也許原本根本不存在的大門——這個應對磨練的模式，對我們的許多運動健將來說都再真實不過了。

選擇這條道路的表面之下，還有一系列意想不到的好處。在持續運動的狀態下，孩子們能夠培養出許多新的、有效的韌性技能，其中可能包含理解支持和友誼的價值、團隊合作的好處、努力對成功的重要性、更大的決心，也會有能力專注在重要的事情上、擁有更強的適應能力，知道如何應對失望和挫折，並學會怎麼設定目標，相關的自信心和歸屬感也會增加。隨著熟練程度和能力的逐步提升，例如運動的成就越來越高，對這些技能價值的理解（支持、團隊合作、承諾、決心等）就會變得更多，隨著時間的推進，這些技能便會得到進一步的發展和完善。

我們學會的基礎韌性技能很少被歸類為正面或負面、功能性或功能失調，而是在我們的現實生活中才會呈現出不同程度的差異。因此可以從中得知，我們未來的成功和個人潛力，需要我們努力將功能失調的模式替換成更有用、更有效的模式（這並非易事），這也是我們總是需要升級過去所使用的應對技能的原因。

■我們的技能不一定堪用

面對新挑戰時（也就是磨練的過程），如果完全依賴目前存在的技能，有可能造成一個潛在的問題，那就是韌性本身在很大的程度上，是依賴快速的變化、持續的成長、思維的開放性和靈活性，以及顯著的適應力。當我們過度依賴現有的「生存能力」來幫助我們應對挑戰時，可能會發生的狀況是，我們所利用的行為和人格特質，在應對新出現的、不斷變化的挑戰時，也許不那麼有效，有時甚至不那麼適用。

成為進化版的自己

話先說在前頭，我們不該完全忽視或貶低這些技能的價值，畢竟，它們能幫助我們學會應對一生的壓力、挑戰和痛苦。也許它們本身就已經很優秀了，只需要進行一點點增強和改進，就可以適應現在的環境。

我們最終極的目標，是提高自我意識，以及自己客觀看待事物的能力——這絕不是一件容易的事。但只要我們堅持不懈的努力，隨著時間的推移，我們就更能找出特定挑戰所需的必要技能，進而學習或發展這些技能。

事後回想起來，我帶到北京的正向技能，是紀律和堅持，但我後來意識到，我並沒有充分利用這些特質。儘管我在食物選擇、運動和整體健康的方面相當自律，但除了這些基本的健康行為之外，我還需要更有紀律地對待自己的想法和觀點。因此我提醒自己，壓力是一種特權，而任何具有意義或重要的成就，都不會是一條輕鬆的道路。

勇氣、堅韌和毅力本身就是非凡的特質，對我們一生的成就會帶來重大的貢獻。雖然它們增強了我在北京連續幾個月裡承受工作、環境和社會壓力的能力，但我需要學習的是其他方面的堅持，包括建立關係、打造支持結構，以及根據現況不斷重新建構我自己的生活。

雖然不斷改善和發展我們的個性，會決定我們未來的成功，但我們需要意識到，磨練（建立在現有的適應機制上）是需要努力開發新的、有時可能陌生的技能——通常會稱為強化技能——來作為支持的。對許多人來說，會缺乏這種韌性，很可能是因為我們在改變自己與我們看事情的眼光時有困難。

新冠疫情的流行正好提供了完美的背景，讓我們探索這個框架。無庸置疑，二〇二〇年初開始的這場疫情，與我們之前經歷過的任何意外都不同，它所帶來的社會政治和經濟影響，簡直是災難性的。

根據《蓋洛普二〇二一年全球勞動力狀況報告》[29]顯示，有三分之一的工人在二〇二〇年失業（或是失去自己的公司）。同時，仍保有工作或公司的工作者，有百分之八十的人是完全脫離了工作環境。壓力和情緒的波動仍然是組織中最主要的問題，憤怒和刻骨的悲傷，影響了至少四分之一的公司成員，而慢性壓力則壓垮了全世界幾乎一半的勞動力。

無論你所遭遇的情況、背景或能力如何，在社會經濟條件有所轉變時，如果不利用現有的適應機制，或是獲得新的技能來面對當前發生的變化，那你幾乎不可能保持韌性。

下一頁的表格，是用來作自我反省與尋找未來方向的工具。我已經根據我當時的看法，填好了簡單的範例。這個客觀的評估，在你面對生命中比較艱困的時期時，可以幫助你簡化你需要專心面對的領域。有些技巧你或許已經擁有，有些技巧你或許還需要學習。這是青少年和成年人韌性核心的磨練與強化之舞。

（請用箭頭表示，如：覺得足夠強韌↗；或是仍在學習中→）

核心韌性特質	（↗ or →）	現有技能／資源	需要發展／成長
適應能力與認知彈性	→↗	我的專業能力夠好 個人能力就沒那麼好	我需要更努力加強個人能力
樂觀與希望	↗	強烈	暫無
對新的現實與體驗的開放程度	→	我需要不斷提醒自己和自我對話	需要改進這塊
責任感	↗	強烈	暫無
親和力	→	還有進步空間	我需要更努力加強個人能力
動機與驅動力	↗	非常專注，充滿動力	暫無
邏輯與理性思考	↗	很好，但是疲憊或許會造成影響	需要減少疲憊時面對挑戰的情緒反應——需要加強
個人價值與信仰	↗	強烈	繼續保持
情緒調節	→	時好時壞	需要更努力一點

（續下頁）

（續上頁）

目標	↗	強烈	也許需要發展出更強的勇氣，更主動追求夢想
自信與自我價值	↗	強烈	暫無
適應策略	↗	強烈	暫無
支持系統	→	在這方面有點掙扎	需要探索多一點選項
個人健康實踐	↗	強烈	總是有改善的機會
堅持與決心	↗	強烈	暫無

個人工作表

核心韌性特質	（↗ or →）	現有技能／資源	需要發展／成長
適應能力與認知彈性			
樂觀與希望			
對新的現實與體驗的開放程度			

責任感			
親和力			
動機與驅動力			
邏輯與理性思考			
個人價值與信仰			
情緒調節			
目標			
自信與自我價值			
適應策略			
支持系統			
個人健康實踐			
堅持與決心			

■重點整理

韌性基本上是一組需要用一生來改善、發展和成長的技能。關鍵是，你需要找出你主要的強項，並盡可能地利用它們，同時找出你現有的弱點，再有意識地發展和強化它們。

■章節小結

- 在逆境中發揮現有的韌性技能，通常是我們的第一反應。
- 通常這些技能都需要進一步的發展和完善，以便提高我們在不同的生活與工作條件下的適韌性。
- 通常而言，先前開發的韌性技能，是無法在不斷變化的世界中提供足夠支援的。
- 為了保持彈性，我們必須接受這樣一個觀念，也就是我們需要新的技能，根據眼前的挑戰和壓力來學習。
- 重要的韌性技能，包含了適應力、樂觀性、開放程度、責任感、積極性、堅定的價值觀、情緒調節、目標、自信、壓力調節、支持、健康促進的活動與毅力。

第四課　韌性在人腦中的特殊印記

從最根本的層次來說，韌性指的是人的大腦在成功適應環境的能力，既是結構性的，也是功能性的。這種適應的能力，會強烈影響人類的在面對嚴峻和長期的壓力與逆境時，精神的運作、認知與行為反應。由於大腦在童年與青春期時，是處於高度可塑的狀態，又不斷在大量重新整理資訊，在這些階段裡，是最適合發展韌性的時期。但是，由於大腦不斷變動、又容易受到影響，它不僅容易增強韌性，也有可能受到增加脆弱性的因素影響。

■解開恐懼的束縛

過去十年中，人們對神經影像研究的興趣變得越來越濃厚，這個技術可以幫助我們了解個體內韌性的變動，以及創傷後症狀或其他壓力相關疾病的發展。二〇一八年，蘇黎世大學的研究人員，發表了一篇論文研究，主題是逆境中韌性的神經影像學[30]。

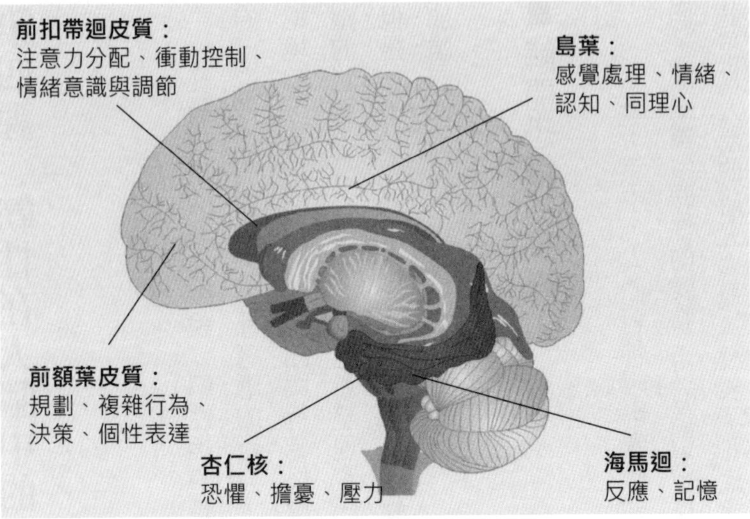

這個研究發現，韌性強的人和脆弱的人，大腦中許多有影響力的區域的體積、關聯性和整體活動，都有明顯的差異，其中包括了海馬迴、杏仁核、島葉、前扣帶迴皮質和前額葉皮質。這些區域共同控制著我們的情緒、學習能力、壓力反應、執行功能和感覺處理。

這些差異存在於各個孤立的區域裡，但同樣也出現在更高層次的大腦網路中，而這些區域的功能表現出強烈的相互依賴性。三個較有影響力的網路，包括了預設模式網路（與想像、自我反思和認知有關）、突出網路（會驅動溝通、社會行為和自我意識）和中央執行網路（促進問題解決，維持和操縱工作記憶與導向目標的訊息）。

綜合分析之後發現，適應能力較強的個體，海馬迴、前扣帶迴皮質和前額葉皮質的大腦佔比較大。因為這些區域較大的容量與大腦的表現是有正相關的[31]，因此可以推斷，它們所增強的韌性，就是有更多的注意力分配和集中能力、決策能力，更高的學習能力、記憶力、更好的整體規劃，也更會控制衝動、擁有更強的道德感。

至於功能性的連結，有韌性的個體，恐懼和情感中心（杏仁核）與更高階的大腦網絡——特別是預設模式和突出網路——的連接較低。就許多方面而言，這種重要的神經迴路重組，會在我們的自我認知、與他人交流的方式、記憶事件的方式，以及解決眼前問題的方式中，稍微放鬆恐懼和驚慌所帶來的束縛。沒有了壓倒性的恐懼和恐慌感，我們就可以更自由地在人生中前進。

韌性不僅會表現出獨特的模式（包括大腦佔比的增加和神經迴路的明確變化），大腦活動也會有獨特的趨勢。這份研究表明，韌性更強的人，能夠更有效率地在有意識和目的的情況下，調動大腦的執行區域，無論環境和挑戰是什麼，這些執行區域都可以壓過大腦的情緒、壓力和恐懼中心。

■創造有韌性的大腦

對那些在逆境中表現較脆弱的人來說，大腦中許多結構和功能性的適應力，都與長期暴露在壓力荷爾蒙皮質醇之下有關。二〇一二年，耶魯大學的研究人員發現，大腦中至少有七個區域會因為慢性壓力和皮質醇過多而萎縮[32]。同時，加州大學的一項研究也顯示，長期暴露於皮質醇的存在之下，會導致幹細胞發生錯亂，以及大腦內的組成和連結性出現變動[33]。

不論究竟是慢性壓力和逆境、眼前挑戰的規模和程度、基因所帶來的脆弱性（特別是FKBP5和腎上腺皮質激素釋放激素受體1［CRHR1］）、還是生命中的挑戰所發生的時間（也就是童年和青春期），或是這些因素的綜合影響，都是我們可以管理的，而且我們可以完全減少它們對韌性的負面影響。

為了對抗慢性升高的皮質醇，以及它對大腦和韌性的負面影響，有兩種簡單的干預措施，可以提供難以估計的益處和保護。其中一種是增加Omega-3脂肪酸的攝取（透過食物，或者最好透過營養品），另一種則是流傳已久的冥想。

Omega-3 脂肪酸

海洋衍生的Omega-3脂肪酸含有二十碳五烯酸（EPA）和二十二碳六烯酸（DHA），

被視為人類飲食中最重要的營養物質，對精神、情緒和身體表現都有重大的貢獻。Omega-3 脂肪酸的最佳來源包括了鯡魚、鯖魚、沙丁魚、鯷魚、野生鮭魚、核桃、亞麻和奇亞籽。可惜的是，由於我們現在的飲食偏好以及食品的過度加工，世界上大約有百分之八十的人口，可能都無法攝取足量的 Omega-3 脂肪酸來滿足基本的生物需求[34]。

•降低壓力感知

人們對 Omega-3 脂肪酸與壓力的關係，可以追溯到幾十年前的研究。二〇〇三年，法國和瑞士的研究人員們發現，每日攝取大量的 Omega-3 脂肪酸，可以明顯減少壓力反應（也就是皮質醇和腎上腺素上升等等[35]）。值得注意的是，這種轉變有可能會發生在很短的時間內（三週以內）。

•保護大腦

二〇一六年，《國際神經精神藥理學雜誌》發表了一份關於壓力荷爾蒙、Omega-3 脂肪酸（特別是 DHA）和大腦成分之間關係的研究。動物研究顯示，如果大腦執行區域（額葉皮質）的細胞暴露在皮質醇中超過四十八小時的話，它們的結構就會受到破壞並死亡[36]。

額葉皮質的細胞對皮質醇的影響特別敏感，因為糖皮質激素受體（讓它們產生作用的蛋白質介質）的密度很高。不可思議的是，當我們先讓細胞吸收了Omega-3脂肪酸，神經元就完全不會受到皮質醇的破壞。從這項研究以及許多其他類似的研究中，可以得出的訊息是，無論面臨哪種挑戰，在一段較長的時間內攝取高量一點的Omega-3脂肪酸，都有機會維持大腦結構的最佳狀態和功能。

•增強認知潛力

好好攝取Omega-3脂肪酸的另一個好處，是可以增加腦源性神經營養因子的表現。腦源性神經營養因子是神經細胞內產生的一種蛋白質，藉由新腦細胞的形成、成熟和保留，以及在細胞之間建立連接，能促進大腦的結構完整性和功能。透過不同的機制，腦源性神經營養因子是腦細胞完整性和功能的基礎，也是認知、甚至行為潛力的基礎。

二〇一四年，有德國研究人員發表了一項人體研究，如果持續補充Omega-3脂肪酸，就可以明顯改善認知能力，這主要就是提高腦源性神經營養因子而帶來的效果[37]。這份研究中找來了六十五名健康的受試者，他們在二十六週內，每天服用二點二克的魚油或安慰劑。在這項干預的前後，研究人員都進行了大量的測試，包括認知表現評估和神經影像。研究結果顯示，補充Omega-3脂肪酸的受試者，幾個關鍵區域的

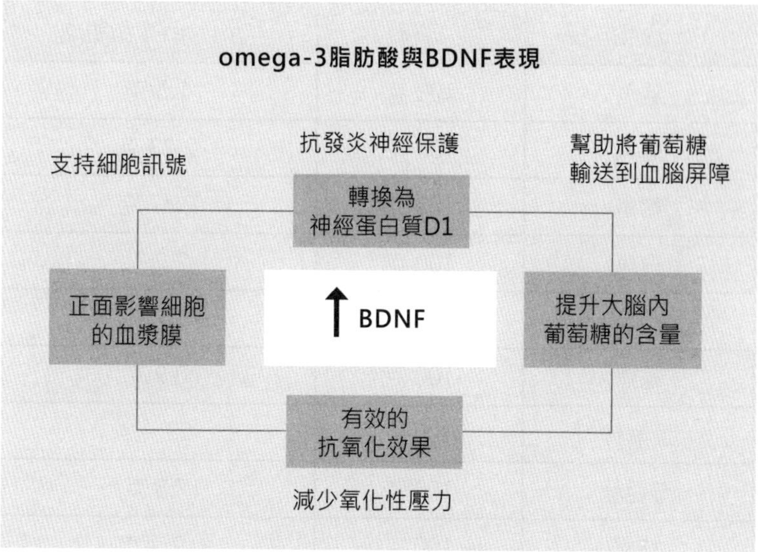

圖表：營養補充劑也許能輔助BDNF

大腦佔比都有所增加，認知能力也顯著增強。

動物研究則顯示，在缺乏運動的情況下，十二天中攝取富含Omega 3脂肪酸的飲食，能夠將BDNF提高百分之一百二十五，而有定期運動的狀況下，則可以提高百分之一百四十四[38]。

要保持健康和提高韌性，需要攝取多少呢？

Omega-3脂肪酸的標準膳食建議，為每天兩百五至五百毫克，才能促進和維護我們的健康[39]。對於沒有潛在疾病的人而言，美國國家衛生研究院建議，成年女性每天攝

食物	分量	Omega-3 脂肪酸
鮭魚	100 克	1.5 克
鯖魚	100 克	2.78 克
鱈魚	100 克	2.67 克
白魚	100 克	2.2 克
金槍魚（罐頭）	100 克	1.9 克
鱸魚	100 克	0.9 克
亞麻籽	100 克	23 克 *
奇亞籽	100 克	17.8 克 *
核桃	100 克	9 克 *

* 重要的是，雖然這些食物的 Omega-3 脂肪酸含量極高，但以生物學的角度來看，可能無法攝取這麼多的量，因此並不是最好的選擇。Omega-3 脂肪酸的植物來源，含有 α- 亞麻酸（ALA），而不是含有 EPA 和 DHA 的海洋性來源。至少有七項干預研究顯示，ALA 不會轉化成 DHA。如果是素食主義者或純素者，補充海藻可能會是最佳的選擇[41]。此外，Omega-3 脂肪酸的代謝，也存在著明顯的遺傳差異，這代表某些會很難透過傳統飲食方式獲得足夠的含量，並需要透過營養品，才能達到最佳的健康狀態和個人韌性。能夠檢測整體健康的基因測試（例如由名聲良好的生物技術實驗室所提供的 DNA 健康測試），能夠幫助你辨識這方面的基因是否較為脆弱。

取一點一克，成年男性則是每天一點六克，六個月至九歲的兒童每天是五百至九百毫克。從九歲到十八歲的青少年，劑量則是接近成人的範圍[40]。

憂鬱與焦慮

由於逆境和慢性壓力，都會影響大腦發炎的途徑、血清素、BDNF、多巴胺、GABA（γ氨基丁酸）和其他神經化學物質的分泌水平，心理健康和 DHA 之間有強烈的負相關，也就不足為奇了。

讓科學家們最為著迷的是，大腦執行區域中的 DHA 水平，與嚴重憂鬱情緒之間的關係。研究顯示，與正常的對照組相比，患有重度憂鬱症的人，在大腦的這些區域內的 DHA 水準，通常會比他們低百分之二十二。

二〇一五年，一項隨機安慰劑的對照測試，包含了二十三名患有憂鬱症的年輕受試者。研究人員給予他們一點四克 Omega-3 脂肪酸或同等分量的玉米油膠囊[42]，二十天後，研究人員們再重新評估兩組受試者。讓他們驚訝的是，各組之間出現了顯著的差異，服用魚油的人中有百分之六十七的人，不再處於憂鬱症的標準內。

在另一項研究中，六十八名醫學生服用二點五克 Omega-3 脂肪酸或安慰劑，並度過充滿壓力的時間或相對平靜的時間，再進行仔細評估（包括血液分析）[43]。研究人員發現，與對照組相比，服用 Omega-3 脂肪酸的受試者，焦慮程度降低了百分之二十，發炎的症狀也明顯較輕。

●營養品

對許多人來說，定期食用無污染的冷水魚可能既不現實也不可行（例如對魚類過敏的人、素食者，可能無法負擔或有其他因素，像是希望避免甲基汞污染的人）。在這種情況下，營養補充劑是一個明智且簡單的解決方案。市面上有無數的產品廣告在宣傳它們的功效。選擇營養品時，根據經驗，請盡量選擇來自沙丁魚、鯖魚、鯡魚和鯷魚的產品，因為牠們是非掠食性、也非底棲型的魚類，通常環境污染物的含量會較低（甲基汞、多氯聯苯、戴奧辛和有機氯）。如果你是素食主義者，微藻（浮游植物）則是最好的選擇。

在最理想的情況下，你所選擇的產品應該是來自於環境永續的養殖方式，並由美國國家衛生基金會（NSF）等第三方實驗室認證，以確保效力、純度和新鮮度都合格。

圖表：Omega-3脂肪酸對韌性的影響與理想劑量）

表現	男性（每日）	女性（每日）	兒童（九歲以下）	青少年（九歲以上）
恢復健康	250～500毫克	250～500毫克	250～500毫克／每日	250～500毫克／每日
改善健康	1.6克	1.1克	500～900毫克	1～1.6克
管理憂鬱	1.6克	1.4克	無確定用量	無確定用量
管理焦慮	2.5克	2.5克	無確定用量	無確定用量
降低發炎	2.5克	2.5克	無確定用量	無確定用量
增強大腦結構並提升認知能力	2.2克	2.2克	無確定用量	無確定用量
改變壓力反應	1.6～2.5克	1.5～2.5克	無確定用量	無確定用量

＊警告：

如果你正在服用抗凝血劑（用於降低血液凝固的藥物），請避免服用高劑量的Omega-3營養品，因為它可能會導致出血的問題。高劑量地補充Omega-3脂肪酸也可能引起其他問題，包括胃食道逆流、腹瀉和低血壓。如果你遇到這些副作用，請向你的醫療保健提供者尋求指示。

冥想

近年來，有大量的研究在調查成人冥想時大腦結構（形態）的變化[44]。例如經過二十一項神經影像學研究的綜合分析發現，長期有在練冥想的人，大腦中至少有八個區域會發生變化，由於經常冥想的關係，他們大腦的灰質體積和濃度，以及皮質的厚度都有增加。變大的區域是那些與意識、記憶、半球間溝通和情緒調節有關的區域——這些都是正向韌性的促進部位。

在《大腦行為》雜誌上發表的一項義大利小型研究中，有四十五名學生隨機分配到冥想組或對照組[45]。冥想組的同學在此之前沒有任何經驗，並每週接受四次開放監控的冥想練習，每次持續時間為四十五至五十分鐘，為期一個月。開放監控冥想，強調的是培養一種開放和接受的態度，並學會放掉腦中的想法，既不抗拒也不詳細觀察你意識中浮現的任何事物。對我們大多數人來說，這需要大量的練習才能達到這種狀態，因為人們很容易就開始沉思。

研究的目的，是透過為期四週的開放監控冥想訓練，評估對灰質密度和內在大腦活動的影響，並用縱向隨機對照設計來填補研究中的空白。

研究人員發現，冥想組內，在不到一個月的時間裡（只有不到二十小時的積極冥想練習），受試者的自我感知整體幸福感都有所改善，而且大腦結構和額島下部區域（與執行控制相關的區域）的內在活動，都與對照組產生了顯著的差異。研究小組還發現，通常用來處理控制資訊、靈活性和工作記憶的大腦網絡：中央執行網路，產生了活躍的重組與強化。

● 用最少的努力獲得最大的回報

儘管許多專注於冥想結構和功能益處的研究，都是以幾個月（有時是幾年）的時間範圍來進行的，也通常會是持續四十五到六十分鐘的較長課程，但事實是，我們只需要很少的練習，就可以達到冥想的好處。

二〇一七年，發表在《系統神經科學前線》上的一項研究，讓二十五名之前從未有過冥想經驗的大學生，在兩週內進行了十次三十分鐘的正念冥想[46]。所有參與者在冥想前後，都接受了整體的神經影像檢查。研究發現，在兩週內，負責維持注意力、認知和情緒處理、意識和感覺統合，以及獎勵處理的關鍵大腦迴路中，出現了六十個新的功能性連結。換句話說，兩週內五小時的冥想，就能夠顯著改善大腦的結構與功能。除了定期運動之外，沒有任何活動、藥物、營養品、食物或行為，可以為我們的神經提供這種程度的好處。

● 選擇冥想路線

個人冥想之旅的第一步，是選擇你覺得能夠產生連結，簡單、又是你會喜歡的冥想類型或風格。有些形式的冥想會為你的注意力創造一個目標，有些則會創造一個口頭禪，有些則會是對話或專注在放開一切。請記住，你不必局限在任何一種特定的方法上，因為你隨時都可以在各種作法之間轉換。以下是各種不同類型的冥想，以及它們非常細膩的好處。

● 專注路線

強調專注的冥想，要求的是實踐者高度集中注意力，通常是在觀察呼吸時，盡量減少自己分心的時間。這個路線的本質，是強調專注和內省。

根據發表在《認知科學趨勢》上的一篇文章，集中注意力的冥想可以增強注意力，擺脫干擾，並將注意力轉回你期望的目標上[47]。這種冥想的路線，會增加多巴胺的分泌，也會改善訊號傳導。

個人運用：

- 增加和增強專注力和注意力
- 減少在充滿干擾的環境中分心的可能性

●慈愛路線

對於那些容易受到負面自我對話影響，或經歷過艱苦的事件、而現在仍面臨情緒和心理困境的人來說，這可能是一種特別有價值的冥想形式。慈愛型冥想的目標，是加深對一切眾生（包括你自己）的同理之情，並促進你的利他行為。

這種冥想練習可以培養對他人的同理心、促進利社會行為，並提升催產素的分泌[48]。此外，研究也顯示，慈愛（或任何強調同情心的冥想）會影響大腦中負責情商和感覺、處理資訊、語言和數學能力的區域。[49]

個人運用：

- 加強溝通技巧，更有效地與他人產生連結的能力
- 增強數學能力

正念或開放監控

這種冥想形式，強調的是培養一種開放和接納的態度，並學會放開腦中的一切，既不抗拒、也不詳細描述你意識中浮現的任何事物。它也需要參與者調節自己的注意力，好保持對周遭立即性體驗的敏感度，例如當下的思想、情緒、身體姿態和感覺，同時，你也需要以開放和接納的心來看待這些經驗。

開放監控冥想的方式，可以提升並增強負責運動潛力、情緒內容處理以及記憶和學習的大腦區域內的活動。

個人運用：

- 改善情緒調節
- 增強記憶力與學習能力
- 支持運動或身體技能發展

從何開始？

進行冥想的方法有很多種，包括：

- 由訓練有素的專業人員進行指導，這永遠是剛起步時的最佳選擇。
- 使用 Calm、Headspace 和 Breathe 等應用程式。

- 參加冥想課程或計劃，例如以正念為基礎的減壓課程。
- 一旦有了經驗，你就可以開始進行個人冥想了。
- 在 YouTube 上觀看教學影片。
- 參加瑜伽或冥想課程。

有了這麼多可行的選擇，你想要採取哪種類型的冥想方式，最終就是取決於你有多享受過程、有多少的時間和預算。

●多久一次、一次多久？

每週只需要進行兩次冥想，就可以帶來改變，但理想情況下，它應該要成為你的日常行程之一。直到目前為止，人們還沒有找到最佳的冥想持續時間，但研究顯示，每天只需要十二分鐘，就可以積極改變影響基因遺傳行為，並有利於減少發炎[50]。另一項冥想研究則表示，持續八週每天十三分鐘的冥想，就可以改善情緒狀態、注意力、工作記憶、再認記憶（recognition memory）以及減少焦慮[51]。儘管如此，大多數顯示有積極改善的研究，都是進行三十至四十五分鐘的療程。知道這些前提後，你就可以選擇最適合你的方式。在時間比較趕的日子裡，找一個十二至十三分鐘的空檔；如果更有時間的話，你也可以騰出空間，並用更長的時間進行冥想。

■重點整理

我們大腦的健康狀況決定了我們的韌性潛力。我們需透過攝取 Omega-3 脂肪酸、定期冥想和有效的壓力管理，來維持大腦的結構和功能，尤其是在我們生命中更具挑戰性的時期。

■章節小結

■ 有韌性的人：

- 大腦的分量較大，負責注意力和專注力、決策、學習、記憶、計劃、衝動控制，甚至道德和價值觀的大腦區域，都有較好的表現。
- 壓力中心和控制想像、認知、社會行為和自我意識的主要大腦網路（預設模式和突出網路）之間的連結性較低。
- 可以更有效地調動大腦的執行區域，並表現出對情緒的執行／認知控制。

- 慢性壓力和皮質醇，都會導致大腦萎縮、連結受損，以及幹細胞功能障礙，從而損害復原力，並讓你在面對逆境時更加脆弱。
- 為了提升韌性，維持和加強大腦內結構和功能的完整性是非常重要的。你可以藉由每天攝取海洋來源的 Omega-3 脂肪酸和定期冥想，來達到這個目標。
- 海洋性的 Omega-3 脂肪酸可以減少壓力反應和情緒反應、保護大腦免受皮質醇相關損傷以及增加 BDNF 表現，藉此增強韌性。
- 每日攝取 Omega-3 脂肪酸，可以在不到三週的時間內減少壓力感。
- 一點四到二點五克的 Omega-3 脂肪酸，可以減少憂鬱和焦慮感。
- 每個月二十小時的冥想，可以明顯增強大腦結構。
- 兩週內進行五小時的冥想，可以增強神經可塑性，並協助改善注意力和意識，以及認知和情緒處理。
- 要體驗冥想對韌性的正面影響，最重要的是，你要養成愉快、而且有共鳴的日常習慣。
- 每天只需十二至十三鐘的冥想，研究證明，這樣就可以強化遺傳行為、減少免疫活動，降低發炎，改善記憶力、注意力和專注力，以及減少焦慮。

第五課　智力驅動韌性

積極調節我們的情緒狀態，對於需適應不斷變化、且要求越來越高的環境以及韌性至關重要。學會辨認、調節和控制我們的情緒（包括經驗和反應），大多時候是一個自我導向的過程，這個過程的最終目標，是對我們所經歷的情緒的強度、持續時間和類型產生正面的影響。簡而言之，我們要學會控制自己的情緒，才能獲得更大的成功。

我們不該把這一點和情緒壓抑（這是我年輕時就精通的技能）混為一談。在壓抑情緒的時候，我們和周圍的社會因子（父母、老師、朋友、老闆、同事），幾乎都沒有足夠的空間來體驗和表達我們的感受。無法正視我們的情緒體驗，可能會讓我們變得痛苦，並產生極大的壓力，導致內在負面情緒爆發，最終產生負面的心理、身體或社會後果。相反地，情緒調節依賴的是更強大的自我意識和反思、對經驗的正視、用有建設性的方法自我控制，以及擴大我們注意力的焦點。換句話說，我們需要養成並強化大腦清晰的思考習慣。

雖然有許多因素控制著我們面對逆境的情緒狀態，其中包括我們此時此刻的健康狀況（當我們感覺不舒服時，我們往往會變得更加情緒化，也更容易反應過度）、神經化學、基因組成、身邊的環境以及過去的經歷，更重要的是，我們要考慮到，從本質上而言，看待事件和挑戰的情緒反應（無論是壓抑、調節還是強化）在很大的程度上，都受到我們視角的影響。

我們如何看待周遭的世界，往往就會創造出那樣的事實。這是因為我們的生物反應、神經化學反應和行為反應，在那個當下，通常都是透過我們看待事情的有色眼鏡。

我們的思想變成我們的言語，我們的言語變成我們的行動，我們的行動則塑造了我們的現實。

對大多數人來說，有意識地、更積極地改變我們對事件的看法的能力，通常會隨著年齡和生活經驗的增長而成熟。隨著年齡成長，我們開始意識到逆境（而不是悲劇）往往只是暫時的，或者在某個遙遠的未來，某處其實還有一線希望。這種不斷發展的技能（在充滿挑戰的情況下保持積極態度的能力）有潛力能夠促進重要的情緒調節，並在人生的任一階段帶來強大的韌性。也就是說，我們越年輕開始培養這種韌性技能，它對我們一生的正面影響就越大，而我們成年後處理逆境的能力也越強。

■壓抑、沉思和迴避，會讓我們更容易受傷

重構，也稱為認知重新評估，是評估我們的想法、並用正面的思考取代負面想法的能力。這需要我們有意識地重新評估、或重新解釋生活中的挫折和挑戰，才能一直都把眼光放在積極的角度上。研究顯示，與其他常見的情緒調節策略（包括沉思、迴避、壓抑和解決問題）相比，重新評估和遭遇逆境時心理健康受損的風險，擁有最低的相關性[52]。

然而，出於某種原因，我們面對壓力時的預設反應，往往是沉思、迴避和情緒抑制。你可以花點時間反思，你有多少次經歷過分配不公（distributive injustice）的情況（你的努力沒有得到認可、重視或獎勵），無論是在工作場所還是在社交場合，而且你一遍又一遍地在腦中回想這些經歷，以至於你連續幾天都睡不好，身體也不舒服。或者，有多少次某人或某事讓你心煩意亂，而你的預設反應則是避開這個人或情況，試圖壓抑令你難以承受的憤怒和怨恨情緒？我算不清我有多少次讓它成為我的預設策略，而且每一次，它都對我造成了傷害。

不幸的是，這些常見的防禦措施，會腐蝕我們自己的情緒和心理健康，並且也無法用任何方式來支持我們的適應能力，或是未來的成功。有許多可以習得的策略能夠（有意識或無意識地）幫助我們重構事件，我們會在以下的內容中深入探討一些重要的例子。

心理距離

這個策略強調的是把你自己與造成壓力的來源切割開來，與會造成你情緒低落的事物保持距離。舉例來說，一名剛起步的網球選手，可能會被教練或隊友批評技巧，或是在對打中使用的策略。在許多狀況下，教練或隊友的回饋會使這位網球選手失落或退縮，而且絕對不是他當下想要聽到的話。但是如果與訓練自己和這些回饋產生某種程度的情緒距離，他們就可以理解，這不是針對他們個人所產生的批評，而是一種策略，也是幫助他們繼續成長的一個媒介。只有理解了那天的失敗並不是他個人的短處，只是為了踏上完善自己、掌握學習技巧和習得能力的第一步，這名選手才能從這個經驗中獲得最多的益處。

路易斯・漢米爾頓（Lewis Hamilton）是被大眾視為一級方程式賽車史上最偉大的賽車手。他在七場世界賽車冠軍盃中，跑贏了一百零三場比賽。漢米爾頓不只是賽道上的專家，也是保持心理距離的大師。當大部分的賽車手把失敗和自己的短處視為個人能力上的缺陷或弱點時，漢米爾頓則是把失敗當成個人成就的基石：「我失敗的次數多到我都記不得了。但是我透過這些失敗所學會的課題，最終都幫助我得到了成功。這是塑造性格的過程，也是我更加優化與建立自己強項的方式。」他說。

並不是說漢米爾頓從來沒有質疑過自己的能力和旅程——就和我們所有人一樣，他也會。但是經過多年的鍛鍊（他從八歲就開始賽車了）和重複訓練心理距離，他便有辦法快速找回狀態，繼續前進。

根據漢米爾頓的說法：「在我看來，失敗百分之百是成就偉大的養分。要有偉大的成就，要達到那樣的成功，你就需要盡量失敗、越多次越好。所以不要迴避失敗，也不要把它當成負面的經驗。每一個成功的人、每一個達成偉大成就的人，不管是爬聖母峰、或者是成為公司的領導者、或是成為最優秀的運動員，他們的失敗次數都是多到記不清的。但透過那些從失敗中學到的教訓，他們才會成為那種偉大的人。」這種認知策略非常強大，不過其他比較以行為為導向、而不是功能性的調整策略也確實存在。挑戰的現實和改變環境，就是很好的例子。

就算是四歲到六歲的兒童，也能成功地做到保持心理距離，而這麼做，會讓他們在較要求認知、或較有挫折的任務上產生較好的表現[53]。

挑戰現實

這是一個運用重新建構技巧的強大策略。人們在挑戰現實的時候，常會試著強化並相信自己所經歷的負面經驗不完全是真實的。例如在一場破碎的婚姻中，人們不想面對問題，雙方都假裝一切都很好，不去修復或解除這段關係，他們就這樣「繼續過下去」。隨著時間過去，他們變得越來越疏離，關係也變得越來越失能。雖然挑戰現實會讓崩潰時的情緒更容易調節，但這更偏向是以行為為重點的調整策略，而不是改變認知。簡單來說，雖然這麼做，在情緒的層次上會有暫時的效果，但以韌性和自我實現的角度而言，長遠下來，它絕不是最好的重構策略。

改變環境

這種重構的方法，代表我們會重新解讀事件的細節，讓事情顯得沒那麼負面。例如在新冠疫情的封城時期，許多人、團隊和家庭，都選擇專注在待在家中的好處（例如更多家人相處的時間、不用通勤、居家運動之類的），而不是專注在更重大的問題上，像是變得更嚴重的經濟壓力、快速減少的職場成長機會、或是個人和工作上社交網絡的崩毀。雖然這可以成為很強大的韌性技能，但是我們必須要很小心，不能在過程中完全忽略或抹煞確實存在的挑戰，因為這可能導致我們的情緒壓抑、或是無視自己的情緒體驗。

我個人使用過以上這兩種方式，好讓我戰勝負面想法、並用更正向的觀點來取代。雖然這兩項策略當下確實幫助到我了，但它們比較不是功能性的作法（尤其是挑戰現實的方式），也無法和本書中提到的其他更正面的重構策略相提並論。

我們說的內容不是重點，重點是怎麼說

研究顯示，人們使用認知重新建構的程度，可以透過心理語言來量測。我們的用字遣詞，可以反映我們重構某個負面事件的能力，以及我們面對那個經驗時的情緒和心理狀態。

我們用來指稱自己的字眼（我、我的）和用來形容此時此刻的用詞（例如憤怒、挫折、煩躁）都顯示出這個人的注意力正完全放在「此時、此地」，而少用這些字眼，則代表這個人處於較遠的距離、用的是更有邏輯的觀點。

根據哈佛在二〇一七年做過的一份研究[54]，當我們仔細選擇措辭來面對壓力事件時，我們可以減少這個事件帶來的壓力。好比，將事件描述的好像離我們很遠（身體距離），且不使用「我」作為主詞（社交距離），或使用現在式動詞（心理與情緒距離），會更能減少這個事件所帶來的壓力。

心理語言學也會影響韌性的潛力，因為我們可以將自己（我、我的）從外在事件與逆境中切割，而我們所面對的挑戰就不再是我們的失敗和缺陷，而能更著重在找到未來的解決方案。

同時，不要使用現在式的動詞來反應現在（有時候也會是未來）的現實，我們就是有意識或無意識地在利用正面和希望的心理邏輯，取代過往的掙扎。

「向客戶提案失敗」，就是一個完美的例子，我們可以改變自己面對令人失望的表現時的應對方式。你走進一個會議室裡，心中很清楚，你有一個很棒的提案，可以為你的客戶公司帶來很大的幫助；但是在會議中，你卻難以用有效率和簡單的方式，把你的願景傳達給客戶。也許你的碎碎唸太多了，你沒有用足夠的信心回答潛在客戶的提問，或是因為太過緊張而口齒不清。在失敗的提案之後，你對自己感到很不滿，因為你沒有好好傳達你的想法。沒有韌性、帶有毀滅性的自我對話可能會是：「我毀了這個機會。我太多碎碎唸了，我壓力太大了，我根本沒在客戶說話……我老是犯這種錯。我真的超不會銷售的。」

但如果是更有韌性、更有建設性的態度，就會是：「這不是我最優秀的一次提案。我需要提升我的聆聽技巧、自我規範和簡化策略。銷售還不是我的強項，我還有很多功課要做。」

■開始動工

正向或積極的重構，在任何年齡或人生階段都是可以成功學會的。不論你選擇要保持心理距離、挑戰現實或運用調整過後的語彙，最重要的是，這個技巧的核心是要發展自我意識與自我掌握的能力。

要幫助你重新建構負面的情境，你可以問問自己以下這幾個問題：

1. 我可以從這個挑戰／困境中學到／得到什麼？
2. 這個情況在未來有可能產生正面的結果嗎？
3. 這個挑戰為我帶來了什麼修正、強化或提升的機會？
4. 這個挑戰背後可能有什麼更深層的意義？
5. 我面對這個情況的態度是主動行動還是被動反應？
6. 我有對新的現實保持開放的態度嗎？
7. 我明天能做出哪些修正，好讓我更進一步？

不管是成人或是兒童，關於韌性的研究中，有一個不斷出現的核心主題，那就是我們越能利用高階的認知功能（例如注意力、問題解決、學習與工作記憶），我們的適應力、對內在潛力的運用能力就會越強。

■為重構創造正確的神經化學環境

發展和完善重構的技巧，不只是訓練和專注投入在這個習慣上這麼簡單而已。你必須要擁有一組非常特定的神經化學物質平衡狀態，尤其是在大腦的執行區域（前額葉皮質區）。這種平衡依賴的是兒茶酚胺、神經化學物質和荷爾蒙的最佳水平，而這些物質通常與壓力反應有關。這其中包括了多巴胺、去甲基腎上腺素和腎上腺素。它們會共同影響我們性格的許多層面，包括動力、動機、毅力、行為和記憶鞏固的能力。我們在討論關於韌性的人格特質（如外向性、開放性、責任感和隨和性）時，也談過兒茶酚甲基轉移酶，它是前額葉皮質中，負責代謝兒茶酚胺最主要的酶。兒茶酚甲基轉移酶活性的改變（深受基因影響），都會影響多巴胺、去甲基腎上腺素和腎上腺素的分泌水平，從而影響到認知和情緒狀態，以及我們的壓力反應。基因遺傳會大大影響我們的酵素活性是高是低，也會進而影響認知重構的潛力[55]。多巴胺代謝的差異，可能會高達百分之三百到四百[56]，而這完全是取決於你的基因組成。

二〇一八年，一組由心理學家艾利亞・庫倫（Alia Crum）領導史丹佛、哥倫比亞和哈佛大學的研究者所組成的團隊，針對一種特定的兒茶酚甲基轉移酶變異進行研究，觀察它是否有潛力影響人們對壓力的情緒和認知反應[57]。研究團隊發現，那活躍基因較低、因此腦內多巴胺分泌較高的人，更有機會成功重構壓力事件、挑戰與逆境。此外，較高的兒茶酚胺分泌，則會大大提升認知功能，對挑戰的回應也會有較先入為主的正向觀點。

相反的，那些有高度活躍基因、因此大腦多巴胺含量較低的人，對壓力事件的認知重構就會變得極度困難，他們對壓力和負面事件的一切想法也讓人感到氣餒。

我自己經歷過這樣的對比非常多次，不論是在企業、運動團隊或學生合作的時候。雖然有無數的人可以透過認知重構成功重建他們面對逆境的觀點，但是也有許多人（將近百分之四十）的人，不論重構的敘事有多清晰和明確，也不論重述多少次，他們就是無法在困難與挑戰中調整自己的心態。

有點矛盾的是，韌性也並不是完全由酶的活性和多巴胺提升來維持的。研究顯示，那些天生擁有較高多巴胺（因為兒茶酚甲基轉移酶活性較低）的個體，以及那些不會重構壓力與挑戰事件的人，更有可能經歷到受損的認知，和強烈的情緒與生理反應，例如焦慮、神經質、憂鬱與皮質醇的提升[58]。

多巴胺（或者任何一種兒茶酚胺）本身並不代表韌性一定會提升，這個事實正好證明，我們的選擇才是真正塑造我們眼前和未來現實的力量。我們可以有意地創造一種心態，將挑戰視為成長和最終成功的機會，而基因所帶來兒茶酚胺的提升，則可以創造出提升韌性的超能力。

史丹佛大學的艾利亞·庫倫發現，對於那些天生多巴胺水準較高的人來說，認知重構的影響非常深遠，而與沒有進行重構的人相比，他們在壓力條件下的認知表現，相較之下多出了百分之三百，而且情緒脆弱的風險幾乎為零。這就是為什麼基因測試在每一次韌性之旅中，都非常有幫助的原因之一，因為它可以提升我們對自己的認識，更清楚知道為我們的精神、情感和身體健康提供最大價值或益處的行為或活動有哪些。

如果你已經進行過基因測試，也發現自己遺傳了多巴胺較低的基因，或者如果你還沒有探索過自己的基因組成，但在認知重新評估方面確實遇到了困難，也很難在遭遇不好的經歷時尋找積極的角度，那麼嘗試降低兒茶酚甲基轉移酶的表現和（或）活性，或許會是很有幫助的做法。

有兩種簡單的方法，可以達到這個目標，並同時維持你的健康：

- **開始運動**

有氧運動（每週大約三次，每次四十五至五十分鐘）已經獲得證實，可以明顯減少兒茶酚甲基轉移酶的活動和分泌水準[59]。同時，有氧運動可以增加多巴胺的表現，並改善它在大腦中的作用。無論你選擇的是走路、跑步、游泳、騎自行車、打網球或踢足球、划船還是健行，關鍵是，你必須要堅持去做——而且要保持規律。

•假馬齒莧營養品

假馬齒莧，也稱為過長沙或百克爬草，在傳統阿育吠陀醫學中，已經使用了數千年。假馬齒莧具有極強的適應原，也就是說，它可以提高人體抵抗壓力所帶來的破壞性影響的能力，促進或恢復正常的生理功能。這種原料很常被用於治療焦慮、憂鬱、學習障礙、記憶力衰退、發炎、疼痛、發燒、血液疾病，甚至是重金屬中毒。

營養	劑量（每日）	症狀	不服用的理由	可搭配服用
假馬齒莧	300毫克	無法重構壓力與逆境基因中低兒茶酚甲基轉移酶的變異（過度表現）	低兒茶酚甲基轉移酶基因多態性（表現不足）、患有甲狀腺問題、正在服用治療阿茲海默症或失智症的藥物	含有脂肪的食物

印度的研究人員，在二〇一六年的一項研究中表示，假馬齒莧是低兒茶酚甲基轉移酶[60]的有效抑制劑，因此對基因導致容易過度表現的人特別有幫助。

假馬齒莧的標準劑量是每天三百毫克[61]。它應與含有高脂肪含量的食物一起服用

（例如堅果、橄欖油、種子、或雞蛋）。大多數人對假馬齒莧的耐受性都很好，除了可能導致胃部不適外，幾乎沒有已知的副作用，而你可以透過與食物一起食用，來減少胃部的不適。

章節小結

- 情緒的調節和控制是韌性的基礎。
- 我們的情緒狀態，會受到幾個因素的支配，包括我們現在的健康狀況、神經化學、遺傳學、環境和過去的經驗。
- 對我們的情緒狀態和對事件的反應影響最大的，是我們感知周圍世界的方式。
- 對負面事件產生正面的看法（認知重新評估）是一種透過學習而來的技能。
- 認知重新評估（重構）是一種能力，能評估自己的想法，並用積極的角度取代消極。
- 認知重構可以保護我們免受心理健康的折損，效果比反思、壓抑或問題解決都還要好。
- 心理距離代表我們有意識地將自己與壓力源分開。
- 挑戰現實是一種情感的應對機制，我們會創造出一種信念，告訴自己不好的經歷並不是真正存在的。雖然這樣會有效果，但它可能會對個人成長和長期的韌性帶來不利的影響。

- 改變環境是重構的一種，人們會重新解讀壓力事件的細節，並使這個事件看起來不那麼負面。
- 我們的詞彙選擇（心理語言學）反映了我們的韌性水準。
- 使用代指自己（我、我的）的詞語，以及指稱當下的詞語，表示我們在眼前的事件中，情緒糾結的程度更高，因此也更為脆弱。
- 我們的措辭不僅可以使我們遠離現有的挑戰，也能使我們更加以解決方法為導向，也可以使我們更樂觀。
- 為了成功地重構，我們需要確保兒茶酚胺（多巴胺、腎上腺素和甲基腎上腺素）有最佳的分泌水準和功能。
- 對兒茶酚胺水準有最大影響的是低兒茶酚甲基轉移酶。
- 多巴胺水準的提升，可以支持認知重新評估、增強認知功能，並在充滿挑戰性的情況下選擇正面的看法。
- 多巴胺的升高和認知重新評估的結合，可以提高百分之三百的認知表現。
- 如果你很難重構負面的事件，你可以透過定期進行有氧運動（四十五至六十分鐘，每週三次）和（或）補充假馬齒莧來減少低兒茶酚甲基轉移酶的活性，這樣或許會有幫助。

第六課　支持與連結的力量

人類的壓力反應，是難以估量地強大。光是感知到有威脅或是挑戰，就足以激發大腦幾個不同的區域（例如杏仁核、下丘腦和垂體），並導致去甲基腎上腺素和腎上腺素在我們體內的產量激增五倍。這一切發生的時候，我們的視覺系統甚至都還沒時間記錄我們周圍發生的事件。與此同時，荷爾蒙和蛋白質（神經肽）也會激增，最終會引發我們體內神經、代謝和免疫行為的巨大轉變。

壓力軸是人類身體的求生軟體，幾千年來一直有效地保護我們免受難以想像的威脅。這是一個「軟體程式」，擁有四個主要系統（免疫、心血管、荷爾蒙和神經系統），會即時大幅增強我們的內分泌，賦予我們一系列可以稱為超能力的本事。在強大的壓力狀態下，體力和爆發力、耐力、精神敏銳度、專注和注意力、耐痛性，以及豐富的能量與增強的感官互相結合，成為一種強大的載體，能夠達成令人難以置信的事。但俗話說得好——天下沒有免費的午餐。

這種大規模的生物性重組，是非常消耗的一件事，也無法維持太長的時間或太頻繁地發生，否則就會為我們的情緒、心理和生理健康帶來極大的耗損。事實上，長時間或反覆激發的壓力軸，勢必會帶來功能失調，其中也許會包含過度活躍、反應遲緩、無法控管的反應和無法切斷壓力軸開啟的狀態。我們可以說，這世界上有很大一部分的精神和身體健康挑戰，是由壓力軸功能障礙引起的。

■童年逆境與壓力反應

研究表明，由於HPA軸（壓力軸）失調，遭受過性、身體和情感虐待、家庭暴力、喪失父母或與父母分離，或童年受過忽視的孩子，比較容易出現健康問題。這些健康的問題包含了自身免疫性疾病[62]的發病率更高、肥胖[63]、心血管疾病[64]，和明顯加速的生物衰老[65]。

但是，他們最脆弱的地方，卻是心理健康的層面。在一項研究兒童逆境與心理健康障礙（憂鬱症、焦慮破壞型行為和藥物濫用）的大型研究中，哈佛的研究人員發現，四十四點六％的兒童和三十二％的成人，心理健康問題發作的原因，都可以歸咎於童年時的逆境[66]。

■壓力軸調節——比我們以為的更容易

在試著提升韌性時，重新獲得壓力軸和失調的皮質醇的控制權是很重要的。幸運的是，有幾種方法可以成功做到這一點，包括呼吸練習、強化關係、補充營養品和飲食介入、藥物服用、特定形式的運動與活動、花時間與大自然相處和生活方式的選擇。值得注意的是，在眾多策略（包括藥物治療）中，社會支援和人際關係，是最有用處的。

你可以花一點時間思考一下，當你經歷某個壓力事件並感到不安時，無論你多麼努力，或者你做了多少次深呼吸，都無法平靜下來、或是得到自我安撫。然而，當你身邊的人（父母、伴侶，或是非常親密的朋友）走進房裡，你們對上了視線，你立刻就能感到更加平靜且安全。他們的存在不一定能夠消除你的壓力或改變外在的環境，但在你不知情的狀況下，它確實影響了你的生理和情緒狀態，而且不需要提供任何建議或安慰。

■社交緩衝

根據明尼蘇達大學兒童發展研究所梅根·甘納（Megan Gunner）的說法，我剛才所說的，正是屬於社會支援下的一個類別，稱為社交緩衝。這是調節壓力感知和反應最有力的方法之一。

在幼兒時期，父母是兒童最主要的壓力調節者，儘管孩子的特質（也就是外向、開放、責任感和隨和程度）與他們的基因組成，會與教養的品質交互作用，進而得以預測他們對恐懼、痛苦、創傷和不確定性的反應。[67]

直到童年時期的後期，父母的支持仍然是強大的壓力緩衝，但在青春期（十歲至十九歲）開始失去效力，這是每個父母都要逐漸（有時也許會有點不情願）接受的。青春期與相關的荷爾蒙變化，似乎是改變父母緩衝效果的主要開關。在人生的這個階段，朋友往往是主要的壓力緩衝，特別是當社交圈的動態就是壓力來源時，而在青春期的過程中往往是如此。成年後，丈夫、妻子、生活伴侶或非常親密的朋友，則會承擔起這種保護和重要支持者的角色。

在我們的生活中，擁有支持著自己的人，這背後影響深遠的機制和它緩衝壓力的作用，其實還沒有得到充分的解釋。然而，研究表明，在面對逆境時減少壓力軸啟動和降低皮質醇，至少有兩個主要驅動因素。第一個影響，來自大腦行為和區域的啟動模式。[68]神經成像研究顯示，光是有一個親密的伴侶或家庭成員的存在，就會減少大腦中處理壓力、恐懼、威脅和疼痛的區域的活動。與此同時，執行區域則會亮起，顯示出對負面情感體驗的認知控制和掌權。

一個簡單的比喻是，將我們的大腦及其中的不同區域，視為組成橄欖球隊（或任何團隊運動）的選手們。在這個團隊中，每個球員都有一個特定的位置和關鍵角色。在正常的比賽條件下，面對較弱的對手，團隊可以完美和諧地運作，每個成員都能理解、並履行各自的職務和責任。然而，在逆境與更緊繃的條件下，有一些「選手」卻容易犯下基本錯誤，而另一些選手卻會在這種條件下茁壯成長。我們大腦中的情感中心，是比較喜歡「隨便摸球」、並錯過重要情報的「球員」，而大腦的執行區域，則是相對易於吸收壓力的「影響力球員」。這些「影響力球員」越強大、越訓練有素（也就是他們參與得越好，他們與情感迴路的關聯越緊密），團隊在具有挑戰性和壓力的情況下越依賴他們，每個人的整體表現和結果就會越好。換句話說，韌性的關鍵，是要讓理性戰勝感性。

我們不需要透過科學也能知道這個事實，只要有一群特別的人在我們的生命中，作為喚醒我們安全感的引子，最終就能讓我們的大腦重組，變得更有韌性、更有抗壓性，但是有科學的佐證當然就更好了。也許這個認證，會讓我們更願意努力，去和那些因為疫情所帶來的社交改變而失去聯絡的人，重新產生連結。又或者，這會是一個強力的提醒，讓我們更看清在我們生命中的人們有多大的價值，並促使我們展現出更多感謝、欣賞與關懷。

令人難過的是，這世上有很多人在生活中，並沒有可以提供社會緩衝的對象，更不用說在困難時期提供他們其他形式的支援了。這個赤裸裸的現實，存在於世界三分之一的人口中，而他們目前都正在經歷著相當沉重的孤獨感[69]（這是我們渴望的社會關係和實際社會關係之間所產生的差異）。我們大多數的人都認為，孤獨感會變得如此普及是因為新冠肺炎的出現。然而，雖然新冠肺炎確實加重了這個現象，但孤獨感成為全球性的威脅已經有很長一段時間了。二〇一八年，英國就任命了世界上第一位負責處理孤獨的總理[70]。

當我們缺乏社會支援、或者根本不存在時，我們又該如何促進韌性，並讓我們的大腦活動和循環達到最佳化的狀態呢？幸運的是，透過一點學習和專心的努力，這依然是可能的，也非常有機會實現。雖然人與人之間的連結是我們每個人都該努力的，但社會支援和人與人之間的連結，目前最強而有力的替代方案，就是正念冥想。正念冥想，在本質上是一種學習監控和接受事物的方法，這兩種行為在現代社會中已經越來越罕見了。

■和社會支持相似，正念能降低壓力

幾個研究顯示，越高程度的正念，越能降低皮質醇，並在逆境中降低壓力反應[71]。二〇一四年，卡內基梅隆大學的心理學教授大衛・卡斯威爾（David Creswell）發表了一篇論文，指出了正念促進韌性和降低脆弱性的核心機制。

首先，這種做法會增加大腦執行區域（特別是外側前額葉皮層的腹側和背部區域）的循環，這可以間接減少壓力處理區域的活動[72]。卡斯威爾和他的團隊還發現，正念會直接降低中央壓力處理區域（杏仁核、前扣帶皮層、下視丘）的反應性。換句話說，培養更好的正念習慣，便可以防止我們在遇到阻礙、挑戰、變化、不確定性、衝突或其他主要壓力因素時，將它們變成為精神和情感的弱點。

此外，有一系列可追溯到二〇一三年的神經成像研究發現，正念不僅會改變大腦恐懼中心的功能和活動，還會改變它的整個結構[73]。如果這一切的發現還沒有讓你相信正念的價值和優點，那麼你可以想想一個事實：這種冥想形式會減少大腦內壓力處理中心的連結，這種結構性調適的效果，便是降低被壓力激發情緒的能力。

我們可以從研究中學到的是，雖然社會支援對於我們有著無價的幫助，因為它能幫助我們駕馭生活中的起起落落，但正念帶給我們的效應也不遑多讓。

催產素、社會支援和韌性

社會緩衝和人類支援的另一個主要好處，以及隨之而來的影響，是與稱為「催產素」的神經化學物質和荷爾蒙的增加有關。催產素對韌性和人類表現的影響非常深遠，直至近日，學界已經發表了超過兩萬七千七百篇文章，討論它巨大而複雜的生物作用。

這種複雜的蛋白質，在性、愛情和感情中的作用是廣為人知的。它與人類的神經化學（皮質醇、乙醯膽鹼、GABA、谷氨酸、類鴉片、大麻素、兒茶酚胺、吲哚胺類和性激素）相互作用，並對我們的免疫系統和抗氧化防禦有著深遠的影響[74]。

大量研究表明，催產素會幫助我們更能應對緊張和具有挑戰性的情況，並支援身體癒合和恢復。

這種古老的神經肽（大型蛋白質）從人類歷史的開始，就一直是生存的核心，它主要能幫助我們更容易辨識社會和感官的線索，並組織我們的生理反應和行為[75]。基本上，催產素會告訴我們眼前的環境中發生了什麼事，誰擁有最大的影響力，然後組織出理想的身體、情感和行為反應。

從壓力的角度來看，催產素是毫無爭議的重量級冠軍，因為它具有抑制大腦恐懼和焦慮中心的力量和影響力[76]。它可以降低皮質醇的釋放[77]、降低血壓和靜止心率，並改善心率的改變（心律變異度HRV）[78]。而就這麼剛好，心律變異度也是一個關鍵指標，可以反映壓力水準以及心理社會和身體健康。從本質上來說，心律變異度可以衡量身體的能力，檢視我們是否能快速有效地調整對周圍世界的反應（心血管、免疫和荷爾蒙）。

催產素也可以消除情緒性事件所帶來的痛苦，因為它會削弱杏仁核（恐懼中心）和腦幹之間的連結，而腦幹是人類大腦最基本和最原始的部分[79]。這代表我們對壓力源的典型反應，如心臟怦怦怦直跳、手掌出汗、失眠以及淺而快速的呼吸，將會明顯地減少。

一項跨國的研究發現，催產素會顯著增加杏仁核和前額葉皮層之間的連結，在最艱苦的時期提高社會認知和情緒調節的潛力[80]。

由於它對我們的健康、身心狀態和應對機制有著如此深遠的影響，這也帶出了一個問題——如果我們沒有可以增強這種神經肽的社會關係，會發生什麼事？

就像我們的神經迴圈一樣，有幾種生活方式的活動、食物和營養補充劑可以支持催產素的系統，進而支持我們的韌性。在營養上，槲皮素、維生素D、鎂和益生菌株乳酸桿菌，會帶來較強的影響。

‧槲皮素

在新冠疫情期間，因為抗發炎、抗氧化和鎮痛的作用，而使槲皮素成為家喻戶曉的名詞。事實證明，這種從植物中提取的超級物質，也會對催產素系統產生積極的影響[81]。你可以透過飲食來增加槲皮素的攝取，最好的營養來源則包括了櫻桃、蘋果、蜂蜜、覆盆子、紅葡萄、柑橘類水果、綠葉蔬菜和洋蔥。或者，每天攝取一點一到二點三克的營養品也可以[82]。

‧維生素D

幾乎沒有哪一種營養素，可以擁有維生素D所帶來的生物衝擊力，包括它調節催產素的能力[83]。波士頓大學醫學院教授麥可‧霍里克（Michael Horlick）博士寫了四百多篇關於維生素D益處的論文，根據他的說法，這種維他命影響了八十多個代謝過程（包括免疫功能、鈣質吸收、預防止氧化性壓力、粒線體功能、神經化學平衡和其他許多代謝）。此外，霍里克也認為維生素D控制了近兩千個基因，而其中許多基因會控制細胞生長、免疫功能、血糖穩定，以及適當的大腦、心臟和肌肉功能。

從歷史的角度來看，我們的大部分維生素D都是來自於陽光直射，但由於我們生活和工作方式的改變，以及過度照射陽光所帶來的一些風險，許多人都缺乏這種重要的維生素。因此，我們可以多多補充維生素D_3（膽鈣化醇）而不是D_2（麥角鈣化醇），因為人體對D_3有更好的吸收率。

一段時間以來，要決定這種維生素的最佳劑量，一直是科學家面臨的挑戰。目前，這種維生素可容忍的攝取上限是為每天四千IU（國際單位），但證據顯示，沒那麼保守的可耐受最高攝取量（Tolerable Upper Intake Level）卻高得多，約是每天一萬IU[84]。如果你沒有透過血液檢查出任何缺陷，那麼每天一千至兩千IU的補充，應該就足夠了。在缺乏現有維生素D的情況下，建議可以每天服用四千IU。

• 羅伊氏乳酸桿菌

近年來，人們對腸道微生物群和對人類健康的影響非常感興趣。麻省理工學院的研究人員在二〇一三年進行的一項研究發現，攝取羅伊式乳酸桿菌，會大量提升催產素的活性，也會對健康帶來相關多的好處[85]。

這份特別的研究評估了傷口癒合的速度，以及與這種特定益生菌菌株的關係。正如我們現在所知，癒合和免疫系統的調節，都屬於更廣泛的催產素生物組合的範圍，因此傷口癒合的改善，也與這種神經肽表現的變化有關。研究發現，透過補充羅伊氏乳酸桿菌，傷口癒合和組織損傷恢復的速度，會變為原來的兩倍。研究人員也確定，這種細菌菌株能夠影響神經化學的機制。他們發現的是，這種細菌物種利用迷走神經在大腦和消化道之間建立了高速和即時的溝通管道。

迷走神經是體內最長、最有影響力的神經之一。它從耳朵後面的頭骨中長出，沿著喉嚨前部垂直下降，穿過胸腔，繼續向下前進至腹部。它是大腦與身體關鍵器官、以及身體系統之間的直接介面，最明顯的作用是在消化道、心臟和肺部。這種所謂的「迷走」神經的運作，是深深埋在我們的意識之下。雖然它的主要作用是同步我們的身體和大腦，但它最被大家所認識的功能，是在去甲基腎上腺素和腎上腺素所造成的「戰或逃」狀態後，使身體恢復平靜。催產素的釋放，也有助於這種深層的生物影響。

要補充這種菌株包最好的來源，包括羅伊氏乳酸桿菌 ATCC 55730、DSM 17938 和 ATCC 6475，因為它們都知道可以在口服補充中保存下來，而不會降解[86]。換句話說，這些菌株可以在消化過程中存活，而其他菌株可能無法。

我們建議的羅伊氏乳桿菌劑量，在一天內服用的十億到一千億個菌落形成單位（CFU）之間。不論是一天一劑，或是每天分成多次服用，研究顯示都是有效的。

營養	建議劑量（每日）	可搭配服用	不服用的理由
槲皮素	1.1～2.3克	綠茶或綠茶萃取物和白藜蘆醇	兒茶酚甲基轉移酶基因的遺傳（表現不足）
維生素D	2000～4000 IU	—	在夏日長時間戶外活動
羅伊氏乳酸桿菌	10億至1000億 CFU	—	—
L-戊酸鎂或甘氨酸	200～400毫克	搭配正餐	—
維生素C	100～2000毫克	—	腎結石或腎臟疾病

■章節小結

- 壓力反應會導致身體進行大規模地重組，如果持續下去，可能會造成極大的負擔，也許會在情感、身體和精神上造成損害。
- 經歷過性、身體和情感虐待、家庭暴力、父母分離或環境中充滿明顯不確定性的兒童，容易壓力軸失調，通常還會導致皮質醇慢性升高。

- 童年逆境在成年期心理健康障礙的發展中，有著重要的作用。
- 社會支援可以強力調節壓力，因為它對大腦活動和神經化學，會產生積極的影響。
- 社會緩衝（社會支援的一個子分類）可以減少管理恐懼、壓力、威脅和疼痛（杏仁核）的大腦區域的活動。
- 社會緩衝會增加大腦執行區域（前額葉皮層）的活動。
- 如果你正在經歷孤獨感、感到孤立，並正在努力管理你的壓力，正念冥想可以代替與其他人的連結，因為它影響大腦的方式，與他人的支援和連結大致相同。
- 催產素是一種神經化學物質和荷爾蒙，它會推動許多由社會緩衝和人類支援所帶來的韌性和健康益處。
- 催產素也會大大影響我們的行為，因為它與許多其他神經化學物質和荷爾蒙相互作用，包括皮質醇、乙醯膽鹼、GABA、谷氨酸、類鴉片、大麻素、兒茶酚胺、吲哚胺類和性激素。
- 如果沒有持續的社會支援，我們就得有意識地強化我們的催產素系統。我們可以透過營養介入來達到目標，包括槲皮素、維生素D、優質的益生菌、鎂和維生素C。

第七課　免疫系統決定了我們的韌性

早年生活的逆境和不斷、持續存在的壓力，通常會與荷爾蒙和神經化學失調有關，包括腎上腺素和去甲基腎上腺素水準的慢性升高，以及乙醯膽鹼（一種具有許多重要的大腦和身體功能的化學訊息傳遞媒介，與注意力、學習、記憶、運動和睡眠有關）的下降[87]。這種生理反應可以比作一種感染、慢性疾病，甚至也與消化道內壁改變有關（腸道通透性），導致稱為細胞因子的釋放小蛋白的增加，這種蛋白質會強烈影響我們身體和大腦中的免疫活動程度（例如調節發炎反應）。

由於慢性壓力和逆境，腦部發炎（神經炎症）增加的主要機制之一，是在短短十天內減少克勞丁－5（claudin-5）的表達[88]。克勞丁－5是一種蛋白質，會決定血腦屏障的封閉特性。血腦屏障是血管和組織的保護網，可以防止許多有害物質進入大腦。逆境會引發克勞丁－5表現的下降，進而創造出一種環境，使更多的血源性促炎細胞因子（最明顯的是白細胞介素6）穿過這個重要的屏障進入大腦，並由於腎上腺素和去甲基腎上腺素升高，進一步放大已經升高的內在免疫反應[89]。

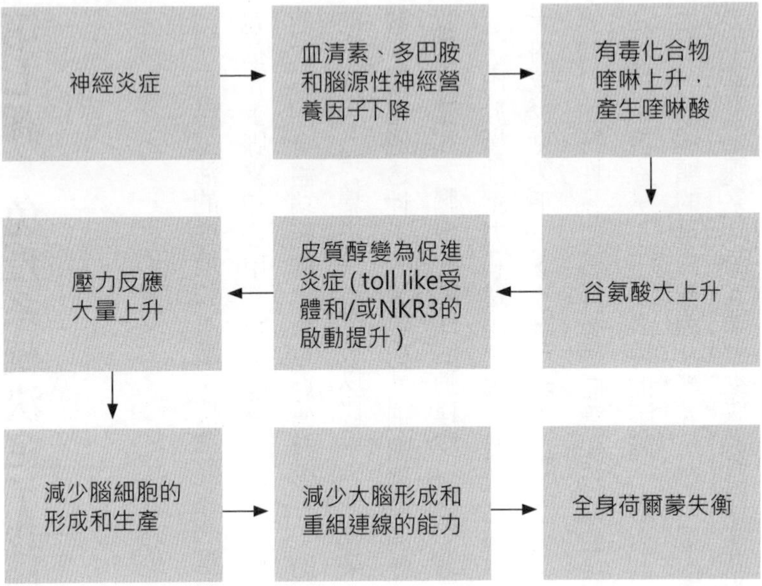

神經炎症對韌性的影響非常深遠，因為免疫活動增強或失調，都會改變大腦中的許多重要功能和過程。例如，神經炎症會擾亂血清素的合成，而這會影響情緒、睡眠、學習、認知能力和情緒表現。它也會降低多巴胺，影響動機、注意力和專注力[90]。免疫活動的提升，會導致普遍疾病症狀的產生，像是疲勞、食慾不振、虛弱和身體疼痛。神經炎症也會導致代謝的有毒副產物（最明顯的就是喹啉酸）累積，這會使谷氨酸的表達增加；谷氨酸是一種神經化學物質，會導致嚴重的神經損傷。此外，它也會將皮質醇的功能從抗發炎激素變為促使發炎的觸發器，並使腦源性神經營養因子的表現降低，導致大腦關鍵區域的新細胞減少。

換句話說，神經炎症會導致大腦細胞形成的減少（神經生成）、連線性受損（神經可塑性）、應激反應性增強，也會導致神經化學和荷爾蒙大大失衡。即使不瞭解科學和這些錯綜複雜的生物細節，但我們在生活中的不同階段都經歷過這種情感、精神和身體上的妥協狀態，尤其在壓力難以承受又持續不斷的時候。我們該問的問題是，為什麼身體會以這種看似奇怪又反直覺的方式來面對逆境？

■神經炎症是一種複雜的防禦系統

儘管這種由逆境調節的適應模式可能會顯得很極端，但它並不是一個生理障礙或缺點，而是一個非常複雜的短期防禦機制。從本質上講，神經炎症會使我們對負面或威脅性的體驗變得更敏感，讓我們能更有效地駕馭它們。

與此同時，我們大腦中免疫活動的提高，也會使我們更容易接受積極的社會體驗，推動我們朝連結前進，並促進親密關係的加強，我們的脆弱性反而因此而降低了。

想想上次你感冒或是得到流感時，你的免疫系統因此而運轉過度了。在那個經驗中，當你感到最不舒服時，你的自然本能可能會是斷開與人的連結、並脫離外在世界。

與此同時，我們最基本的本能則會使我們更接近自己的家人和朋友，因為他們是在心靈脆弱和身體脆弱的時候，持續關心我們的人。

但是這種短期防禦（最多幾天）機制，並不能很好地適應我們在當今這個世代所經歷的極端逆境和長期壓力。永久性的神經炎症既不會支持你的功能適應性，也不會支持結構性的神經可塑性，而這兩者對發展長期的韌性都非常重要。

■炎症會使恢復暫停

復原力和從挫折中恢復的能力，無論是情感上還是身體上的，都是韌性的關鍵因素。人類的恢復力核心，是免疫系統的完整性和調節。關於身體創傷和心理健康問題的研究表明，長期炎症（持續數月或數年）的狀態，會損害你從負面狀態恢復的能力，在韌性和成功適應逆境的框架內產生負面後果[91]。[92]

■憂鬱和焦慮與免疫系統有關

現在我們知道神經炎症會減少多巴胺、5－羥色胺和 BDNF，我們應該就能理解，長期升高的免疫指標，如C反應蛋白（CRP）、腫瘤壞死因子α（TNF-α）和最明顯的IL-6（白細胞介素－6），與憂鬱症有多密切的相關了[93]。在許多方面，這種知識和理解可以給予你能力，只要定期進行血液檢查，就可以透過各種干預措施（藥物、行為或生活方式），為你現有的情緒狀態和進展的程度提供客觀和衡量的窗口。

此外，童年虐待和（或）成長時期的困難社會經濟環境，都與成年後生活上的慢性炎症有關，也會提升創傷症候群（PTSD）的風險和容易受影響的程度[94]。

創傷症候群往往會在逆境和創傷性事件後影響我們多年。據梅奧診所（Mayo Clinic）稱，創傷症候群的症狀包括侵入性記憶（重溫事件、令人不安的夢境、對相關提醒的嚴重身體或情緒反應）、迴避（作為提醒的地方、人和想法）、思維模式和情緒的負面變化（抽離、缺乏興趣、負面認知、麻木和絕望）以及身體或情感反應的變化（容易恐懼、隨時保持警惕、濫用藥物、暴飲暴食、賭博、睡眠障礙和頻繁的情緒爆發等自我毀滅的行為）[95]。

慢性炎症不只與創傷症候群有關，它也與其他形式的焦慮有關。在一篇題為「在恐懼和焦慮障礙中的炎症：創傷症候群、GAD與其他」的文獻研究中，哈佛大學和埃默里大學的研究人員確定，所有形式的恐懼反應和焦慮，無論是普通的焦慮、恐懼症（社交、廣場恐懼症等）還是恐慌症，都可能源自於慢性炎症。

■韌性的生物指標

相較之下，研究顯示，所有年齡層中，擁有韌性的個體，都會表現出較低的炎症指標和較強大的整體免疫系統調節[96]。有越來越多的證據表明，低水準或更低水準的白細胞介素6，是所有年齡層中韌性的明確生物指標[97]。

有許多風險因素會導致神經炎症，以及之後對挑戰和逆境表現的更加脆弱。其中包括了兒童時期的慢性壓力和反覆的創傷、持續缺乏社會支援和人際聯絡、不良的飲食和生活方式、環境污染、感染和慢性疾病，或者遺傳到炎症的細胞因子基因（特別是白細胞介素6），或是抗炎細胞因子（特別是白細胞介素10）表現不足（因為遺傳的關係）。

■這是一種心態

儘管免疫系統和韌性的關係十分複雜，如同我們在前面章節討論過的許多促進韌性的策略一樣，但無論我們多麼受挫，或者我們在生活中對逆境和壓力的經歷維持了多久又或是有多極端，我們都還是可以逐漸優化調節的方式。

雖然我們的第一反應是尋求藥物和營養品作為優先的支援工具，但調節免疫系統的旅程，需要從我們的內在行為以及我們感知和與周圍世界互動的方式開始。現實是，心理應對策略，對免疫系統的調節有著深遠的影響（而且沒有任何長期的副作用），而要達到這個目標，主要是透過緩衝壓力和挑戰。

個人掌握、正面影響和樂觀，是我們可運用的幾個策略。

練習個人掌握

研究表明，如果你相信無論在什麼情況下，你都能實現你訂下的目標和掌握人生的目的地，這樣的信念是十分強大的韌性指標[98]。我們這個時代最偉大的思想家之一，已故的拉比喬納森．薩克斯博士（Doctor Jonathan Sacks），在他的《道德：在分裂的時代中恢復共同的利益》（暫譯，*Morality: Restoring the Common Good in Divided Times*）一書中強力地傳達了這一個原則。

薩克斯勳爵擁有十六個榮譽學位，而他相信，當我們面對困難、挑戰和痛苦時，我們面臨著兩種選擇。

第一種選擇是，面對眼前正在發生的事件，我們可以當一個幾乎沒有掌控權的承受者。例如，新冠肺炎的大流行帶來了重大的經濟挑戰、孤獨和社會孤立、個人損失與悲傷，生活各個領域的未來也充滿了強大的不確定性。

認定我們被比自己更無法控制的力量所驅動，以及隨之而來的無助，會演變成強烈的負面情緒，包括憤怒、痛苦、怨恨和指責。我們可能擁有的各種目標，往往都會被在事件中生存下去的基本欲望所取代。在我們生活的某些時刻，我們大概都可以體會這種心情。

但是，薩克斯也描述了另一種替代的心態，將注意力從「為什麼會發生這種情況？」、「為什麼是我？」和「為什麼是現在？」這類的問題上轉移開來。更有韌性的自我對話可以是「我該怎麼辦？」當我們向前看而不是回頭看時，我們就是選擇成為主動展開行動的對象（而不是一個被動承受的對象），賦予我們對人生道路和最終目標更多掌控權。有了這種心態後，實現目標的決定，就會再次成為我們人生旅程的核心。

決定要以朝向未來的方式思考和行動，這並不容易；事實上，這完全稱不上容易！這也許就可以解釋，為什麼許多人仍然被困在憤怒和痛苦的舒適圈裡。這個重要的選擇，最後會帶領你走到成功，但是卻需要你直接面對挑戰（而不是退縮），你需要有改變的勇氣、失敗的勇氣、被打倒後一次又一次站起來的力量，以及願意在旅程中繼續前進的自制力，而不是回到自我破壞的老路。儘管這看起來很困難，但現實是，世界已經經歷過，也仍然在經歷政治、社會和經濟方面的重大變化。如果我們希望在這些變化快速的環境中實現我們的夢想和願望，我們只需要向前看，並訓練自己持續這樣做下去。

當我們練習自我對話時，請不斷強調「我可以做任何我下定決心的事情」，然後再設定明確的短期、中期和長期目標，這樣一來，我們就能成為自己命運的領航者。值得一提的是，這種簡單的自我信念轉變，在我們的免疫系統內，會創造出更多的穩定性和更好的調節。

羅徹斯特大學的研究人員，在二〇一七年對四千七百七十九個個人掌握性較高的成年人（我是一個主動出擊的人，我選擇了人生道路和目的地）進行了一項研究，而研究表明，無論他們的健康或長年的創傷經歷為何，他們的炎症指標，都低於那些觀點較受限的人（發生在我身上的事超出我的控制範圍）、更有韌性，也有更明顯的健康保護[99]。

正面情緒

幸福、快樂、興奮、熱情、感激和滿足的感覺，已被證實可以明顯促進免疫系統調節和整體的韌性。這些正面情緒可以轉化為更好的心理、情感和身體健康的機制，關於這部分學術界有很多種理論。一些研究人員認為，正面的影響是來自於身體的類鴉片（內啡肽）、催產素、去甲基腎上腺素、多巴胺和血清素系統獲得提升，而這本身就會對消極情緒產生強大的平衡作用。或者，正面的情緒會產生充滿創意的問題解決方法，也會帶來許多可以提升韌性的活動，例如更好的睡眠、運動、放鬆（冥想、按摩、瑜伽）、家庭旅遊、社交聯絡和親近大自然。

正面的情緒也會帶來更健康的身體、更少的痛苦和更長的預期壽命[100]。想像一下你正經歷一段長期壓力與疲憊的時期，如果在關鍵的時刻，你能夠逃到某個偏遠的地方，當你剛出發時，你可能還會感到有點不舒服或沮喪，可能還在流鼻涕、也許渾身痠痛。但是這是因為你完全被極度疲憊和整體的不適感（腹脹、渾身水腫、或是煩躁感）所籠罩著。出發的當日，也許是最具有挑戰性的日子，你還有最後一刻的工作要完成，打包、車程、甚至搭飛機的各種瑣事也很複雜。但是一旦你抵達了目的地，一切的努力就都值得了。

第二天早上醒來時雖然仍感到疲憊和消耗，但你很開心。因為當地的景色很美、空氣乾淨，一切是那麼的安靜祥和。如此放鬆的心情讓你開始思考，為什麼不常常這麼做呢？最誠實的回答是，旅行真的很貴，而且時間也不允許總是這樣休息，但你可以告訴自己，這只是因為你沒有安排好時間，或者沒做好自我管理，而現在，你決定承諾自己要改變生活方式，讓自己能更常有這種休息的日子。隨著時間的前進，你感到更快樂、更滿足。你的健康和心理狀態以指數的方式改善，疲勞、脹氣和身體的疼痛，都被興奮、熱情和好奇心所取代。在不到四十八小時內，你的健康就得到了最重要的重置——不管是情感上還是身體上的。

生活中還有許多正面經歷的例子（例如進入一段新關係、得到關於未來的機會、受到某個人或事件的啟發等），讓我們得以減少在逆境中產生的脆弱感。我們不能低估快樂、幸福、興奮、滿足、感激和熱情對我們整體身心健康的力量和影響。

加州大學的研究人員進行過一項大型研究，受試者來自一百四十二個國家的十五萬零四十八人。研究發現，正面的情緒更有可能帶來長期的健康，而不是食物、住所和安全等基本需求[101]。這項發現，在弱勢社群中更明顯。

生活在一個不平等和貧困如此普遍，人類的痛苦和折磨又極度明顯的國家，你可能會很難理解這個結論；但重點非常清楚，不要低估人類體驗中正向的力量。

當我們覺得世界的重擔都壓在我們的肩上時，我們又該如何變得正向？相較於我們所沒有的，我們應該先開始有意識地花時間，正視我們所擁有的一切。也許是我們在一天中擁有的寧靜時刻，當你聆聽愉快的音樂、或是到戶外的大自然中放鬆時。也有可能是探索新的興趣，或者向你生命中的重要他人表現出更多的愛和感情的時刻。事實上，我們有無數種方式，可以體驗正向的情緒，而科學也提供了一些簡單而有效的技巧。

幾十年前的研究表明，壓力事件後的正向情緒，甚至在情緒化的經歷中露出微笑，都有助於心血管系統更快地恢復，也更能支持身體的生物穩定性，並使免疫反應更好調節。此外，在焦慮時同時感受到的幸福感，則會完全抵銷在痛苦狀態下的強烈血壓變化[102]。

我們可以透過多種方式，將此應用在我們的生活中：

- 如果你計劃在結束緊張的一天後看看電視，請看可以讓你大笑或微笑的喜劇或輕鬆的影集，而不是驚悚片或劇情片，因為它們可能會引發神經緊張、壓力、焦慮和（或）恐懼。
- 當你處在有壓力的情況下時，例如有壓力的會議、演講或面試，請試著多保持微笑，這有助於調節你的壓力軸。

・在人生中較有壓力的時期，請更努力去做你真正喜歡的事。無論是每天、每週還是至少每月一次，以更長遠的韌性角度來看，快樂、熱情和滿足的體驗，都是足以改變人生並提供你支持的。

樂觀，樂觀，樂觀

樂觀的心態，會反映出你有多相信未來會是正面的。樂觀常常會和毒性正能量混在一起，有些人會執著於正向思考（請不要把它和正向情緒混淆），這樣的思考就有可能變成毒性正能量，而毒性正能量是指，你執著於必須對所有事情都抱著正向的看法，不管這個經驗是多大的挑戰、多痛苦或是多令人受傷。雖然這麼做的目的是平息負面的情緒（這樣做可以是很優秀的），但是對於正在經歷痛苦的人，卻有可能被小看或輕忽，而且這會造成他人的額外壓力，使他們不得不壓抑他們的真實感受和情緒。這種行為模式從一九九〇年代後期，當人們開始推動正向心理學的時候就已經開始了。

在最早一波的新冠疫情中，特別是在封城的期間，毒性正能量就非常活躍。一天早上，一位很親近的朋友告訴我妻子，由於飯店業的許多禁令，她丈夫開的精品酒店已經倒閉了。他根本拿不出足夠的備用資金先支撐住前三個月。我的妻子在啜泣，他的妻子也在啜泣。「我們能幫上什麼忙呢？」我妻子問我。我立刻拿起電話（如果情況允許的話，我就會開車去找他們的），向潔西的丈夫邁可提供支持（情感上的、工具上的、還有財務上的）。當邁可接起我的電話時，我看著手機螢幕，想確認我是不是打錯電話了。他聽起來非常愉快，表示快樂是一種選擇，他只需要在生活中調整一些事情就好。為了維持我的情感敏銳度，我覺得我沒有資格把談話轉移到邁可的工作和個人生活的挑戰上。在接下來幾週的封城中，邁可繼續無視他的問題，隱藏他的真實感受，並把他所經歷的現實緊緊抱在胸口，不讓別人看見。當新冠疫情的限制最終解除，而我們終於能夠親自見面時，邁可的經歷對他的外表和整體舉止都造成了影響。幸運的是，邁可找到了新的機會，目前做得非常好。

邁可和潔西的狀況，反映了許多人在二〇二〇年的經歷。無數家庭經歷了類似的痛苦，對話也依照著類似的模式：由於社交和社會的規範，我們不再感到足夠安全，也因此無法表達我們的脆弱。這樣的後果，就是我們會透過忽視負面情緒，來壓抑整個體驗。

樂觀與毒性正能量不同之處在於，它不會忽視或看輕眼前的困難、障礙、個人掙扎和痛苦，而是接受我們有必要承認和看清它們的存在。與此同時，樂觀是一種強大的信念，相信未來會更好，而且我們有能力，透過我們做出的決定和做出的選擇，來影響我們生活的方向。

希望

二〇一〇年，來自美國幾所著名大學的研究人員，發表了一項關於樂觀主義、悲觀主義和免疫活動之間關係的研究。這項研究的規模龐大，總共有六千八百一十四名參與者，年齡介在四十五至八十四歲之間，並調查了有心血管疾病的人原有的樂觀或悲觀情緒。研究人員專門監測主要的免疫因子，如白細胞介素（IL-1）、白細胞介素6和C反應蛋白，以及許多凝血和健康的指標，如纖維蛋白原（一種對凝塊形成十分重要的蛋白質）和同型半胱氨酸（一種心血管疾病指標的蛋白質）[103]。

利用由卡內基梅隆大學邁克爾．謝爾所開發的十項量表測試「修正生命取向測試（LOT-R）」，研究人員發現，樂觀的人體內的白細胞介素6和C反應蛋白以及其他主要健康指標數值，水平都低得多。相反地，悲觀者和消極情緒，則與炎症指標升高有關，甚至會使生物年齡增加了十歲。換句話說，消極會使你變老！

為什麼樂觀主義對我們的免疫系統會有如此深遠影響，學界有幾種理論。荷蘭的一項研究發現，內在的樂觀會使人更願意從事體育活動、願意攝取更多的健康食品，也更願意進行其他正向的生活習慣[104]。樂觀主義也會帶來更好的自我照護。與此同時，有證據顯示，樂觀主義會降低皮質醇和血壓[105]，進而影響壓力軸，並加速從挑戰和逆境中恢復。如果這些影響中的某一項聽起來有點熟悉，這是因為驅動對未來美好期望的核心動力，正好就是神經肽——也就是催產素。加州大學的一項基因研究發現，催產素不僅是樂觀主義和提升自尊的驅動力，也是驅動個人控制（掌握）的因素[106]。這代表，如果你在個人掌握、正向情緒或保持樂觀等面向中掙扎，你可以先試著提升催產素的表現。

■章節小結

- ■腎上腺素和去甲基腎上腺素水準的長期升高，通常是伴隨著逆境出現的。
- ■逆境會導致更多的促炎細胞因子湧入大腦，導致明顯的不良免疫反應。
- ■大腦炎症會破壞血清素的產生，降低多巴胺，降低了腦源性神經營養因子的表達。這對心理和情感健康以及認知表現有負面影響。
- ■神經炎症會抑制新的腦細胞形成，損害區域之間的連結，提高面對壓力時的反應性，並破壞壓力軸的調節。

- 在短期間內，神經炎症可以成為一種強大的防禦機制，因為它會使我們對負面或有威脅性的情況更加敏感，使我們更有效地避免它們。
- 神經炎症所帶來的脆弱性，會使我們更容易接受正向的社會經驗，並促使我們走向與人的連結和社會支援。
- 雖然短暫的炎症可以、也確實會提供各種保護，但長期的炎症卻會嚴重損害大腦結構和功能，降低長期的適應力和整體的恢復能力。
- 憂鬱症和焦慮症與免疫指標的升高密切相關，包括C反應蛋白、腫瘤壞死因子α和白細胞介素6。
- 免疫指標白細胞介素6的水平較低，與韌性的提升有關。
- 我們的觀點和行為，對免疫行為有著深遠的影響，而且比我們意識到的要來得大。
- 對個人控制、正向情緒和樂觀的認知，都與較低的炎症指標和改善免疫系統的調節有關。

第八課　形塑現實的健康行為

許多健康行為，例如良好的營養、運動和健康的生活方式，都可以對白細胞介素6產生正面的監管作用，進而增強韌性。然而，我們也不得不提及那些提升白細胞介素6，導致炎症增加、使我們對逆境和壓力顯得更脆弱的行為。其中的一些因子包括飲酒過量（適度飲用可能會帶來好處）[107]，缺乏睡眠（會導致白細胞介素6的表現增加三倍）[108]，大量攝取加工糖分（特別是在青春期時[109]）[110]和吸菸[111]。這代表為了提高你的韌性，其中有許多習慣，都需要更仔細地管理。

■那些定義我們的習慣

若沒有了健康，我們就一無所有。努力維持健康的行為，對慢性病的預防和延長生命的價值是普世公認的。但是直到過去十年左右，健康行為促進韌性和心理健康的價值，才得到大眾充分的認識。這個新的見解是來自於精英軍隊的研究，其中許多研究已經可以肯定，士兵的韌性（在最具有挑戰性和最惡劣的條件下評估的），與更健康的身體、更好的體能和身體全面性的準備，都有密切相關，而這反過來，又對心理的各項因素產生了正面的影響，例如壓力調節、情緒和認知控制、自信、有效的目標設定等[112]。

健康促進的實踐隸屬於一個廣泛的範圍中，但它們可以歸類成幾個主要的領域（雖然環境和行為也是強大的促成因素）：

- 運動和體育活動
- 飲食習慣和營養

這些部分各自獨立、又會集體產生作用，促進韌性、影響大腦的結構變化，幫助提升神經可塑性，並提高我們生活各個領域的表現。

■動起來！

運動和體育活動會成為所有韌性計劃的支柱，這其中有許多原因。定期運動的主要好處之一，是多巴胺、去甲基腎上腺素和血清素[113]的表現（生產、運輸或攝取）——

這些關鍵的神經化學物質，支配著我們的精神和情感健康。這些分子會增強我們的動機、動力和認知，支持我們的心理健康，以及作為人類的整體表現和潛力的發揮。運動（就算只有一次）也會帶來腦源性神經營養因子[114]的急劇增加，進而增強神經可塑性和適應力，因此增強韌性。

運動期間和運動後發生的神經化學轉變，可以抵銷、甚至扭轉大腦中因神經炎症和慢性壓力而發生的負面變化。令人驚訝的是，體育活動不僅會改變我們的神經化學狀態；它也會正面影響我們的免疫系統，因此，運動在應對逆境時，才會提供這麼多其他活動無法相比的保護。

運動對免疫行為的影響，直到最近才獲得瞭解，儘管研究人員承認，他們還有很多東西需要學習。眾所皆知的是，運動不一定導致白細胞介素6的表現減少（事實上，強力肌肉收縮，甚至會提高白細胞介素6），但在大腦和外圍所展現出的正面免疫效應，是由至少八種抗炎因素強力而持久的組成，特別是白細胞介素10和腦源性神經營養因子[115]。研究也顯示，你在一生中運動得越多，這些抗炎因子的產生和釋放就越強大[116]。

幾十年來，研究一直都顯示，衰老和逆境有很多共同點，因為它們都會改變免疫訊號，並使人體成為容易產生發炎反應的內部環境[117]。

二〇二〇年，一項發表在《應用生理學雜誌》（*Journal of Applied Physiology*）的研究，測試了低度炎症的增加，是否會受到我們一生中定期運動的正面影響。學者們比較了十名年輕的健康運動者、十名年長的健康非運動者，以及二十一名終身運動者，而他們都有五十多年的持續運動，也都沒有疾病、受傷，並且都不吸菸[118]。

所謂的持續運動，定義是每週跑步或騎腳踏車五次，總共約七小時。這份分析，在休息時使用了血液炎症指標（特別是C-反應蛋白、白細胞介素6、腫瘤壞死因子 α 和類胰島素生長因子[IGF-1]）和運動前後對大腿肌肉的肌肉活檢（相當不愉快）。

肌肉活檢，目的是從免疫和遺傳的角度，檢查他們的肌肉如何適應身體壓力。結果十分令人震驚。第一個重要的發現是，在休息時，終身運動者的白細胞介素6水準，比非運動者低得多（幾乎低了百分之五十）。此外，終身運動者的抗發炎分子白細胞介素10的表現，也比非運動者好（超過百分之四十三）。這項研究證實了健身愛好者的直覺——終身運動擁有強大的抗發炎能力，但除此之外，它也可以保留一部分非常年輕、健康和有韌性的人的免疫行為。換句話說，運動是我們健康（終生免於疾病）、適應能力和未來表現的關鍵。

要估計你所屬年齡的最大心率，請用 220 減去你的年齡。例如，對於一個 45 歲的人來說，估計最大心率算起來就會是 220 減去 45，等於每分鐘 175 下心跳（bpm）。要找到高強度訓練的範圍，就是 175 乘以 0.8，等於 140 bpm，90% 的水準則為 175 乘以 0.9，等於 157 bpm。	
低強度有氧運動	最大心率的 60% ～ 70%
中強度有氧運動	最大心率的 70% ～ 80%
高強度有氧運動	最大心率的 80% ～ 90%
高強度間歇運動	最大心率的 85% ～ 95%， 維持 20 秒至 4 分鐘

■最能有效提升韌性和免疫健康的運動是什麼？

許多已經發表的研究，都在探討哪種運動是最能提升韌性的選擇，而結論是，它們通通都有用！

低強度訓練（最大心率〔MHR〕的百分之六十至七十）、中強度訓練（最大心率的百分之七十到八十）、高強度有氧訓練（最大心率的百分之八十到九十）、高強度間歇訓練（最大心率的百分之八十五至九十五，持續二十秒至四分鐘）、阻力訓練、阻力和有氧訓練相結合，長期下來，都會減少白細胞介素6和其他主要炎症指標的表現（包括C-反應蛋白和腫瘤壞死因子α），無論您是健康、不健康、年輕還是年老[119]。不過重要的是，我們也要知道，作為適應的一部分，短期的運動反而會增加炎症。

你越努力，就會越不脆弱

從免疫、荷爾蒙、神經化學和行為的角度來看，高強度間歇訓練（HIIT），對增強韌性可能有些非常明顯的優勢。它的優點包括：大幅減少身體脂肪，無法超越的腦源性神經營養因子釋放量（減少焦慮，增強記憶力，提高學習能力，甚至可能帶來更高的智商），並且加強我們承受和克服極端挑戰的心理能力。

相對較低的身體脂肪，支援更強的韌性

高強度間歇訓練，只需三次二十至四十秒的短距離衝刺就可以，它會帶來生長激素（GH）的持續升高，甚至可以持續超過九十分鐘[120]。生長激素由腦下垂體分泌，這種神經肽激素具有許多生物功能，包括細胞繁殖和生長，支持DNA的完整性，保持骨骼的強壯和皮膚的年輕，確保神經完整性，促進肌肉張力和大小，以及心血管和免

疫系統的最佳功能。此外，它也會主導身體的組成（體脂肪與其他身體組織和液體的比例）。

在討論免疫行為和韌性的時候，與生長激素減少身體脂肪的能力特別有關，尤其是在器官內和周圍的脂肪（例如內臟脂肪）。這也和免疫行為有關[121]。至少有百分之三十的白細胞介素6循環，是由我們的脂肪細胞所產生的，而最值得注意的就是在我們的內臟脂肪堆積中[122]。因此，透過高強度間歇訓練或其他可以促使生長激素分泌的行為，都可以減少內膜脂肪，例如間歇性斷食（我的第一本書《壓力密碼》（暫譯，*The Stress Code*）中大量討論了這個主題）和刻意暴露在高溫中（例如桑拿）。這不僅可以讓你體驗到更多整體的健康與活力，而且透過相關的免疫調節，人們會得到更高的韌性，也會減少對逆境的脆弱性。

■ 悖論

奇怪的是，長期炎症和韌性，都會被運動期間白細胞介素6釋放的程度所控制和抵消，而在高強度間歇運動的情況下，這樣是越多越好！

所有類型的高強度訓練，都會帶來白細胞介素6的大量表現，而且會出現兩次高峰——第一次是運動後立即發生，再來是一小時之後。這與輕量的運動不同，如快走的散步、健走、慢跑、游泳和騎腳踏車，這些運動只會在結束後的六十分鐘內達到白細胞介素6的一次高峰[123]。

此外，最重要的是，研究顯示，完全透過肌肉啟動所釋放的白細胞介素6，是減少內臟脂肪（高達百分之二十）和防止內臟脂肪堆積的另一個主要刺激[124]。這對我們的腰圍，以及我們應對挑戰的能力，都有好處。

換句話說，由於訊號的通路截然不同，當肌肉收縮導致白細胞介素6釋放時，它反而會支持我們長期的抗發炎狀態。相比之下，白細胞介素6在免疫細胞或內臟脂肪中的釋放，卻會產生相反的效果，會導致慢性發炎的內部環境。

高強度等於高適應力

人們已經證實，運動是釋放腦源性神經營養因子的強大因素。研究顯示，運動後腦源性神經營養因子增加的範圍，從十一點七%到四百一十%不等，這是取決於個人基因構成、年齡、當下的健康狀況，和實際運動本身[125]。研究還發現，腦源性神經營養因子的表現，會遵循運動強度的線性軌跡，也就是鍛鍊過程越難、身體負擔越大，腦源性神經營養因子的提升就越強。

為了要更加理解運動對腦源性神經營養因子的影響，瑞士和比利時的科學家們進行了一項研究。他們比較了兩個較高強度的有氧運動方案，及它們各自對這種強效蛋白質的影響[126]。這項比較在二十分鐘內進行，受試者以最大活動率（MWR）的七十％，進行連續的運動，而另一組高強度運動，則以百分之九十的MWR進行一分鐘，中間會交替休息一分鐘（也就是十次間歇性運動——這不是一件容易的事）。

研究發現，腦源性神經營養因子水準會在七分鐘左右迅速升高（儘管連續運動的組別，確實會使提升速度稍快），並在二十分鐘的期間保持分泌。與此同時，運動結束後，這項蛋白質的水準仍然很高。雖然腦源性神經營養因子水準在八分鐘左右出現了類似的高峰，但從第十分鐘開始，高強度間歇運動的訓練會使腦源性神經營養因子水準繼續上升，這個趨勢則一直持續到運動結束。

在比較這兩個組別時，研究顯示，連續有氧運動，會使腦源性神經營養因子在二十分鐘內上升二十三點七％，這本身就已經很了不起了。但是高強度間歇運動在同一時間內，則帶來了驚人的三十七點二％的高峰（整體差異則為三十五％）。令人驚訝的是，在進行高強度間歇運動時，皮質醇反而降低了二十一％。這讓人很意外，因為皮質醇對身體或精神疲勞的反應，通常是遵循非常線性的路徑。活動或緊繃的過程越難、越長，皮質醇就會升得越高。高強度間歇運動似乎帶來了一些相當獨特的反應——大量消耗，而皮質醇的反應反而減少[127]。

從韌性和人類整體潛力的角度來看，提高腦源性神經營養因子的好處是無法計量的。例如，光是增加十二%，它就會對行為（自我調節、情緒表達、社交技巧等）產生正面的影響，二十%的增加，則會促進新語言的學習（可能包括程式語言、數學、甚至是音樂）[128]。研究顯示，腦源性神經營養因子的高峰如果來到百分之十至三十，就可以顯著改善認知、創意、智商和記憶力。與此同時，腦源性神經營養因子的增加，還可以強烈地防止焦慮和憂鬱[129]。

儘管這些好處都讓人驚艷，但增加腦源性神經營養因子，還有一個額外的優勢——免疫調節。在一篇名為〈體育訓練抑制炎症和小膠質反應〉的文獻回顧中，國立成功大學的研究人員發現，腦源性神經營養因子會阻斷幾種關鍵的炎症途徑，並增加抗炎基因的活性。此外，這個臺灣團隊也認為，這種超級蛋白質可能會直接抑制大腦的內在免疫系統，也就是小膠質細胞。

身體承受能力與韌性

在有選擇權的時候，三分之二的人會選擇高強度間歇運動，而不是持續的有氧訓練，因為這種訓練本身存在多種變化，而且也會節省時間。但是儘管有這些吸引因素，它還是強烈得讓人難以應付，而且會將你推往承受能力的極限。

關於克服困難的身體挑戰，這其中有一些迷人之處和信心，無論這是不是人們硬塞到我們面前的，也不管這是不是刻意塑造出來的。史丹佛大學備受推崇的神經生物學教授安德魯．胡伯曼（Andrew Huberman）就認為，經常接觸強烈的身體挑戰，是發展短期壓力承受力和減敏的關鍵部分。

這個想法是世界各地許多（如果不說是全部的話）特種部隊軍事單位訓練精神的核心，他們會透過極端的體能訓練和惡劣的環境條件，來發展和打造團隊的韌性和壓力承受能力。

我在一九九一年，因為義務役的關係而受召加入南非海軍，也因此親身體驗了極端的身體挑戰提高韌性的過程。在南非，那是一個動盪的時期，南非邊境戰爭（包括納米比亞、尚比亞和安哥拉）在兩年前剛結束，全面性的政治改革正在發生，而最終世人看見的是指標性的納爾遜．曼德拉（Nelson Mandela）接任了南非總統。軍方正在重組和解散許多精英部隊，這意味著許多前軍方人員，都會被重新分配。我的基本培訓營，就是這次重組的對象之一。

我不想待在那個單位裡，我當然也不相信它所代表的意義，所以我盡可能地想要逃避徵兵。由於大家對於義務役的看法普遍都是負面的，政府想辦法阻止了所有可以想到的退路。除了永遠離開這個國家之外，我沒有任何方法可以繞過它。

我在毫無準備、缺乏紀律、情緒和精神上都很脆弱、體態也非常差的情況下來到了新兵營。我的身體實在太差了，連只是五分鐘的輕度慢跑，感覺也像是精英等級的高強度間歇運動般辛苦。

我的第一天非常痛苦，而且似乎永遠不會結束。我的肺因喘氣而疼痛不已、膝蓋和背部很備受折磨、脖子和頭都被行軍床和櫃子磨傷，而這是訓練教官對我們體態目標的一部分。我的精神完全無法適應。接下來的四十二天，一切只變得更加緊張，因為精英部隊的教官不斷試著告訴我們，團隊中的我們身心有多麼脆弱。星期五則是最「特別」的，教官的目標是「希望一天結束之後，你整個人還沒有散掉」。

我和其他八個人組成一個團隊，必須在十公里的障礙賽道上跑步、攀爬和匍匐前進。這條賽道包括要攀登就像和帝國大廈一樣高的大型沙丘（我們是駐紮在薩爾達尼亞灣），而且還要帶著兩個巨大的拖拉機輪胎、鋼床（幸好是單人床）、二十五至三十公斤的背包、我們的步槍和其他隨機物品，如鋼製櫥櫃、或是同樣難以攜帶和其他攜帶起來很不舒服的東西。回想起來，這感覺就像是在參加什麼傢俱搬運公司的面試一樣。

週五的訓練則是從海裡開始，我們要一邊扛著全套道具，一邊做伏地挺身。水溫總是在攝氏十二至十三度左右，而這只會增加我們的不舒服。世界上沒幾件事比鹹水、溼透的衣服、強力而重複的運動和汗水的組合更痛苦了。這種摩擦很痛，尤其是腋下和大腿之間，不只是訓練當下痛而已，後面還會痛好幾天。

連續六週，我都在週五的訓練中掙扎不已，因為我的體能基礎實在太低了。不管是精神還是情緒上，週五的挑戰對我來說，總感覺是無法應付的，有時甚至痛苦到無法忍受。此外，成為軍隊最後一個完成訓練的人並不是什麼好事，不會讓我在小組內得到任何好處，因為我們是根據集體的表現來評分的。表現不佳（完成訓練所花費的時間）會產生的後果是，通常會有著額外的身體和心理折磨。在個人層面上，要想在基礎訓練成中成功，你需要的是融入人群中，而你絕對不會想要變得特別顯眼，就像你絕對不會想要你的小組表現不佳。你的目標是待在隊伍中間，避免目光接觸，並一直表現得筋疲力盡，只要違反其中一項，都代表要接受額外的痛苦。

進入第七週時，我覺得我的身體更健壯了，而這轉化成了更好的心理和情感應對技巧。那個星期五，我們團隊少了三個人，我懷疑他們為了迴避訓練去了醫務室。但無論是不是全隊到齊，我們都還是需要攜帶、拉著或拖著所有指定的物品。

訓練開始時，基地的指揮官喊出了響亮的警告，說最落後的兩支隊伍，必須重新再做一次訓練。這個警告吸引了所有新兵和班長的注意，而班長們收到要求，要與他們的團隊一起跑完這十公里，並同時對著部隊大吼大叫。痛苦的超級馬拉松，光用想的就非常可怕。沒有一支小組想要排在最後或倒數第二，因此這個賽事變得十分激烈，不再只是要完成一場生存訓練。

那一天，在壓力和挑戰的提升之中，我想辦法領先了一點。由於我的體能已經完全趕上了團隊的其他成員，我的承受力有了強烈的提升，又有不想重做整場訓練的動機，因此我發現了我從來不知道的精神耐力。最令人驚訝的是，其中一名指揮官似乎受到了鼓勵，並加入了我們的掙扎。顯然，他是被我們強大的努力和團隊互相支援的動力所激勵。而這正是我們所需要的——額外的幫助，以及他在挑戰中的領導力。

幾個小時後，訓練終於結束了，而儘管我們的人數變少，但我們還是設法進入了前三名。

在那一天，我們都意識到，我們有著內在的力量和能力來克服任何挑戰，無論是精神上的、情感上的還是身體上的。在這奇怪的轉折中，我也開始喜歡上星期五，和隨之而來的身體和精神測試。

我從那次訓練中所學到的是，我們都能做到比我們以為的更多。從許多方面來說，這就是完成軍事訓練的目的。我們都有深厚的身心潛力，可以透過訓練和養成正確的習慣來汲取。各方面來說，我後來的人生方向，都是源於我那天的經歷。激勵我的，並不是與一個小團隊一起進入前三名的自豪感，而是因為忍受度和耐力的提升，我透過這次訓練所感受到強大的自我能力，以及我的情感弱點，在這些條件下是怎麼被我克服的。

把這個身體承受能力的原則運用在生活，和我們自己的個人狀態中，就可以養成十分關鍵的習慣，有助於達成和鞏固我們未來的韌性。這種身體耐受性的訓練，不必限於運動或身體的勞動，也可以包括刻意暴露在寒冷中（這本身有對於促進韌性的許多好處，包括多巴胺和去甲基腎上腺素）、暴露在高溫中（例如桑拿），甚至是間歇性斷食。

■跟醫生先討論過

在對心臟康復研究的文獻回顧中，並沒有觀察到因為使用高強度間歇運動而導致的不良或其他重大臨床表現、血流動力學（流體動力學的一個分支）、缺血（血流受限）或心律失常（心跳異常）事件的電流或生物徵兆，但在展開這種類型的運動之前，請先諮詢你的醫生，因為這種運動會帶來很大的身體負擔。

■ 幾種運動模式

接下來這幾種高強度間歇運動的模式，是我最頻繁使用的。你可以去游泳、踩健身腳踏車、風扇車、用划船機、跑跑步機或去路跑。如果我那天有受傷或不舒服的地方，通常會影響我那天選擇的運動方式。像是，如果你的手腕受傷，騎腳踏車或跑步也許不太會使它惡化，而游泳或划船可能會引起疼痛或不適，我的目標就會是選擇一種不會更加劇潛在身體問題的活動。此外，如果你的身體不適、睡不好或感到低落，請等你感覺健康一點、並能夠接受挑戰的時候再運動。有許多健康監測裝置可以提供這方面的客觀（而不是主觀）回饋。你可以穿戴健身追蹤裝置、智慧手錶，或是其他生物感測裝置。

我戴的是Oura智慧戒指（而且我對它很著迷），這是一個類似婚戒的裝置，可以收集資料，並提供客觀的衡量標準，包括睡眠品質、結構、持續時間，以及血氧感知、心率、心律變異度、體溫、呼吸頻率和其他重要指標。

● **模式一：大魔王**

風扇車（或划船機、跑步機，或者固定腳踏車）：

・七分鐘熱身（輕鬆的速度）
・十至十五秒，百分之九十的強度，然後以輕鬆的速度恢復五十秒
・重複三次
・六十秒，百分之九十五的強度，然後以輕鬆的速度恢復三十秒
・重複四至十次
・五分鐘冷卻（輕鬆步伐）
・六至十二分鐘的伸展

● **模式二：混合型**

固定腳踏車（或划船機、風扇車，或者跑步機）：

・五至七分鐘熱身（輕鬆的速度）
・兩分鐘，百分之八十的強度，接著六十秒恢復
・九十秒，百分之八十五的強度，接著六十秒恢復
・六十秒，百分之九十的強度，接著六十秒恢復

・三十秒，百分之九十五的強度，接著三十秒恢復
・重複二至三次

●模式三：莫瑞型

（這是根據英國頂尖網球選手安迪・莫瑞命名的，他在二〇一五年和二〇一六年的職業生涯高峰期，我經常看到他使用這種模式。這個模式可以在跑步機上，或是二十五／五十公尺的游泳池進行。）

跑步機：

・五至八分鐘簡單和輕鬆的熱身（輕度慢跑）
・以時速十二至十六公里跑四十秒，以二至六的斜度，維持在百分之九十至百分之百的強度下
・二十秒的完全休息（從跑步機上下來）
・重複四至八次
・五至十分鐘的冷卻

游泳池：

・十分鐘的輕度和輕鬆熱身（二十至二十六公尺左右的長度）
・游五十公尺，以百分之九十至百分之百的強度
・二十至三十秒的完全休息
・重複四至十次
・五至十分鐘的冷卻

高強度間歇運動為韌性（身體、情感和認知）所帶來的好處是無窮無盡的。當你在打造自己的運動模式時，重要的是請記住，高強度的間歇性運動時間必須要短一點，最好是三十至九十秒，休息時間（可以是輕度運動或完全停止）則應為實際運動時間的百分之五十至百分之百。換句話說，如果你衝刺了一分鐘，你的恢復時間就應該是三十秒到一分鐘，然後再重複。

最後，少即是多。如果你想提升你的運動表現，那麼更長、更激烈的運動模式會更有效果。但是，在追求韌性時，你可以考慮的一個關鍵紀律，是「用最少的努力就能帶來正面的結果」。在這種狀況下，五到八組的間歇運動就足夠了[130]。[131]

■促進復原力的飲食

對於促進韌性的飲食計劃，它必須要能創造出神經化學、荷爾蒙和免疫平衡的最佳狀態。反之，攝取化學添加物、食物過敏源，糖分、蛋白質或動物脂肪過量攝取，或者缺乏基本營養素而為我們的消化系統帶來負擔的食物選擇，則會削弱我們適應和成功克服逆境的能力。

炎症是許多（如果不是大多數）慢性疾病發展的核心，因此有大量研究是針對飲食習慣和飲食計劃的。這些飲食習慣和飲食計劃，由於減少了白細胞介素6和其他關鍵促炎分子的產生，因此會對免疫行為產生正面的影響。有了這些豐富的知識，其中許多結論，都可以應用在我們的生活中，進而促進韌性[132]。

《營養進展》（*Advances in Nutrition*）雜誌中的一項回顧性研究，調查了許多常見的營養方法，包括素食、純素、低碳、地中海和低脂飲食，在控制炎症和整體健康的方面有何效果。

當然，這些飲食方法各有優點，也可能存在某些侷限，但任何健康計劃，只要能夠成功地將體重保持在健康範圍內，降低身體脂肪，讓體重與身高維持在最佳比例，又能使內臟脂肪降到最低，都能有效促進韌性[133]。

植物性飲食的好處

這份回顧的發現，對植物性飲食減少系統性炎症的功效，提供了大量的支持。一項包含了兩百七十名十九歲至七十五歲人群的研究，將正常的混合飲食者與素食者（蛋奶素）進行了比較，根據C反應蛋白的血清（血液的一種成分）濃度，發現那些以植物為基礎飲食的人，整體炎症分佈率比另一組低了百分之七十二[134]。

這個研究的一大主要收穫（除了水果和蔬菜可以促進抗發炎狀態之外）是，研究中沒有肥胖的素食者，而吃植物性飲食的超重人數，比混合飲食的人數低了約三倍。素食促進健康的一個明顯層次，是它對免疫系統的正面影響速度非常快。有些研究顯示，在短短三週內，你的健康可能就會產生重大的變化。

此外，這個研究也發現，素食者往往比混合飲食者攝取更多纖維，主要是因為水果、堅果、種子、全穀物和蔬菜的整體攝取量較高。無數研究表明，較高的纖維攝取量與白細胞介素6呈現負相關[135]。換句話說，你的飲食中含有的纖維越多，你的整體健康和韌性潛力就越好。

限制或移除動物性蛋白（特別是紅肉和家禽）的另一個好處，是一種被稱為神經肽Y（NPY）[136]的強大韌性促進蛋白的表現會上升。神經肽Y可以抑制壓力反應，減少恐懼、焦慮和攻擊性，並促進睡眠。研究也證明，它在充滿壓力的條件下，可以增強認知和注意力。從許多方面來說，神經肽Y都被認為是最具影響力的韌性促進分子之一。

一項對正在接受密集生存訓練的士兵進行的研究顯示，那些神經肽Y水準較高的士兵，在面對各種惡劣條件時更有韌性，適應能力也更強[137]。耶魯大學的研究，則比較了特種部隊和普通士兵，發現在極端的身體和心理挑戰中，特種部隊組的神經肽Y水準會急劇上升，而且在之後的近二十四小時內保持高度分泌的狀態。這種提升，會促進和支持適應性的提高，減少壓力，並給他們勇氣。然而，在普通士兵中，尤其是那些在訓練時總是在精神與情緒中掙扎的人，神經肽Y的表現則有所下降，而且在訓練過後的幾天裡，神經肽Y的表現仍然維持低迷，使他們容易不斷在腦中重播訓練過程、而且表現得更抽離。

雖然低（低於基準）水準的神經肽Y可以帶來高度警惕的狀態，但提高警戒和對威脅的持續恐懼，只有在非常短暫的衝突或具有挑戰性的情況下是有利的。它實際上會對我們日常生活中的身心健康有害。

如果過度亢奮的狀態持續數週、數個月甚至數年，它就會導致個性的變化，包括情緒波動變大和容易情緒爆發、攻擊性增加、躁動、膽小、抽離行為和失眠。大腦中神經肽Y濃度的降低，也與創傷症候群（PTSD）有關[138]。

十二個與提升神經肽Y有關的好處：

- 增強復原力
- 更多的勇氣
- 減少焦慮
- 減少壓力
- 改善睡眠
- 減少恐懼
- 降低創傷症候群的風險
- 使與恐懼相關的記憶消失
- 改善注意力
- 減少攻擊性和衝動
- 減少對酒精的渴望
- 改善情緒

其他增加神經肽Y表現的方法，包括間歇性斷食或熱量限制[139]，冷水浸泡法[140]和某些適應原（一組已被證實有助於我們身體對壓力、焦慮和疲勞做出反應的植物和藥草，也能促進整體平衡的狀態）。這其中包括了薑黃素（一種在薑黃中發現的化合物，薑黃家族的成員）和紅景天（一種在歐洲、亞洲和北美野生北極地區生長的開花植物），還有其他幾種植物[141]。

地中海飲食

地中海飲食可以說是迄今為止研究得最清楚的營養模型。這種廣受歡迎的生活方式，一大特點是大量食用橄欖油、蔬菜、水果、豆類、堅果、魚、低脂乳製品、未精製穀物以及適量攝取酒精（主要是紅酒）和家禽，並將紅肉、加工或精製食品和糖的攝取量保持在最低限度。無數研究證實了地中海飲食和炎症指標之間的負相關。一篇包含了十七項研究的文獻回顧發現，在十年內遵循地中海飲食的兩萬三千人，他們的白細胞介素6平均比標準值低了百分之二十三[142]。越認真、越長期地執行飲食計劃，就會帶來相對應的結果。這一點，本身就已經非常激勵人心了[143]。

在一項為期兩年的希臘研究中，包含三千零四十二名沒有心血管疾病的參與者，越符合地中海飲食法、排在前三分之一的人們（也就是依建議，每天食用新鮮水果、蔬菜、橄欖油、全穀物、魚類），他們的白細胞介素6和C反應蛋白水準，分別比倒數三分之一的人低了百分之十七和百分之二十[144]。

地中海飲食可以根據個人偏好和生活方式進行調整，只要你有遵守核心原則就行（大量水果和蔬菜、纖維、橄欖油、未精製穀物、野生魚類等）。

食物類型	每日／每週分量	例子	考量
未精製穀物與根莖類蔬菜	每日食用	糙米和野米、燕麥、蕎麥、紅薯、全麥麵包和義大利麵	有些人可能會因為潛在的不適而限制含麩質的食物攝取（小麥、大麥、黑麥）
水果	四至六份／天	當地採購的水果	最好是季節性且有機的水果
蔬菜	三份／天	當地採購的蔬菜	季節性且有機的蔬菜
橄欖油	配合餐點	冷榨，特級初榨	用作奶油和動物脂肪的替代品
低脂乳製品	一至二份／天	優格，未加工乳酪	有機產品（如果可能的話）

魚類和家禽	三至四份／週	沙丁魚、鮭魚、鱈／鱈魚、金槍魚和其他當地魚類	最好是野生來源和無污染（汞和有機氯），家禽應要是自由放養的或是有機的
豆類、橄欖、馬鈴薯	四至六份／週	當地來源	有機產品（如果可能的話）
堅果	四至六份／週	核桃、核桃、杏仁、腰果、開心果、開心果、巴西堅果	最好是生的，而不是調味、鹹的和烤的
雞蛋	一至三份／週		有機／自由放養的
甜食與甜點	一至二份／週		嘗試隔開，不要每餐都吃甜點
紅肉和肉產品	四份／月	牛肉、羊肉、鹿肉等，包括一些加工肉類	放養或有機的
酒	一至二杯／天		如果可以的話，請選擇有機或無亞硫酸鹽的葡萄酒

低脂肪／低碳水化合物飲食

與地中海飲食或素食的飲食計劃不同，低脂肪或低碳飲食的研究，針對炎症的調節和整體健康的促進效果，產生了非常矛盾的結果。這些飲食方法是否能改善免疫調節，研究顯示，免疫調節的效果，幾乎總是與試驗期間參與者的體重下降直接成正比。簡單地說，如果你能夠透過低脂肪或低碳飲食來減肥，你的免疫系統就會做出正向的反應。

特別規劃的抗炎飲食

二〇二〇年，由加州大學醫學和精神病學系、與巴塞羅那自治大學醫學系的研究人員和專家，組成了一支熱情的團隊，開發了一種稱為抗炎（ITIS）飲食的飲食模型。這是地中海飲食的超級版本。

這種飲食計畫包括了一些傳統地中海飲食不推崇的方案，例如早晨一杯綠色飲料、發酵食品、高酶的水果、綠茶、姜黃和生薑。與此同時，它也要求人們限制麩質、茄子、馬鈴薯、番茄（茄屬植物）的攝取，以及在膳食中結合穀物和蛋白質。它的目的，是解決和輔助目前最令人頭痛的炎症性疾病之一——類風溼性關節炎[145]。這種自身免疫性疾病，會導致劇烈而使人難以忍受的疼痛、腫脹、僵硬、關節功能喪失，並與極高（三十八%）的憂鬱和焦慮有關[146]。這種疾病（以及許多其他炎症性疾病）的核心，就是白細胞介素6上升，再透過各種機制影響人們的身體[147]。

這代表對任何飲食計劃而言，如果要行得通，降低或至少穩定白細胞介素6的表現，都是策略的核心。這對韌性所帶來的延續影響是，若是減少了白細胞介素6，人們就能夠減少與壓力相關的疾病，防止憂鬱症和焦慮，並在面對逆境時不那麼脆弱[148]。

ITIS飲食大綱

計畫	理由	實際應用
脂肪與油		
增加Omega-3脂肪酸的每日攝取量	減少炎症	每週兩次：沙丁魚、金槍魚、鮭魚或其他型別的冷水魚 每日食用：亞麻籽、奇亞籽、南瓜籽（根據個人的耐受力）
增加整體健康脂肪攝取量	有助於吸收許多營養物質，並支援免疫、心血管、荷爾蒙和神經系統	每日食用：堅果（前提是你沒有過敏）、酪梨、芝麻、橄欖油、無鹽生堅果
減少反式和飽和脂肪的攝取量（多存在於動物產品和加工食品中）	工業生產的反式脂肪和飽和脂肪已經證實會增加炎症	限制：預煮食品、外帶食品、紅肉、油炸食品、高脂肪乳製品
腸胃健康		
增加每日的纖維攝取量	改善整體免疫調節	每日攝取：綠葉蔬菜、水果和低過敏性全穀物（蕃薯、糙米、蕎麥、無麩質燕麥） 避免或限制：精製麵粉（包括無麩質的）

計畫	理由	實際應用
脂肪與油		
確保每天攝取益生菌	減少促炎細胞因子的表現	包括：發酵食品（優格、味噌）或服用高品質的益生菌補充劑。乳酸乳桿菌已經證實特別有益
消化與乳製品		
支援大分子蛋白質的消化，防止不必要的發酵、腹脹和氣體	纖維有助於蛋白質消化並減少結腸運輸 鳳梨蛋白酶和木瓜蛋白酶已證實具有抗炎作用 乳製品（也就是酪蛋白）中的大分子蛋白質沒有完全消化，可能滋養有害細菌，導致腸道炎症	每日攝取：含酶水果，如鳳梨、木瓜、芒果（都是鳳梨蛋白酶、木瓜和其他蛋白酶的良好來源） 從穀物中分離蛋白質，即與蔬菜一起吃蛋白質 增加纖維攝取量 限制乳製品：用有機非化學處理的植物奶（大米、燕麥、杏仁）替代牛奶
香草與香料		
在食材準備中加入更多的香草和香料	薑黃、黑胡椒和薑具有抗氧化和抗炎特性	加入：薑黃、黑胡椒、薑、鼠尾草、牛至、肉桂、肉豆蔻、辣椒、辣椒粉和百里香
限制鹽的用量	太高的鹽攝取量會增加炎症風險	避免或減少：預煮食品、鹹的零食（鹹的和烤的堅果、洋芋片、蝴蝶餅乾、肉乾）

計畫	理由	實際應用
蔬菜		
限制食用茄科蔬菜	它們含有糖生物鹼，可能會增加腸道的穿透性（允許細菌和未消化的食物材料進入身體）	避免或限制：茄子、番茄（綠色）、馬鈴薯（特別是皮），還有所有辣椒
增加整體蔬菜的攝取量	植物化學物質含量高的蔬菜，已證實具有顯著的抗炎特性	增加每日攝取量：綠花椰菜、白花椰菜、大蒜、洋蔥、南瓜、胡桃、美洲南瓜和深綠色綠葉蔬菜。有機來源的話更好
肉與蛋白質		
減少紅肉的整體攝取量	紅肉含有高量的膽鹼，而膽鹼是炎症分子三甲胺N-氧化物（TMAO）的前導物質	用豆類（扁豆、鷹嘴豆、豆類）、家禽和魚（每週二到三次）代替紅肉。對一些豆類過敏是很常見的，所以請讓直覺成為你的指南
麩質和穀物		
減少含麩質食品（小麥、大麥、黑麥和斯佩爾特小麥）的整體攝取	麩質與炎症狀態有關	每日：用玉米、燕麥、藜麥、蕎麥、小米和糙米代替精製小麥、大麥和黑麥

計畫	理由	實際應用
加工和精製糖		
避免精製糖、所有含糖食品和含糖飲料	含糖食品與肥胖、消化道（微生物群落）中的細菌群的變化有關，並可能形成低階炎症狀態	用生蜂蜜、時令水果、黑巧克力、或棗子代替
熱飲料咖啡		
用綠色和其他草藥茶	綠茶中的植物化學物質（多酚）已證實可以減少炎症	每日攝取
維生素、抗氧化劑和植物衍生營養素（植物化學物質）		
增加微量營養素和植物化學物質的攝取量	許多抗氧化劑和植物化學物質都具有抗炎特性	增加蔬菜、水果、蘋果醋和全穀物（無麩）的攝取量

保健食品

近年來，營養品（營養素）產業（也就是維生素、礦物質、植物、酶、氨基酸和益生菌）激增，是由不斷增長的人口所推動的。人們在這個時代的動盪和不確定性中，拼命試圖控制自己的健康狀態、並提升自己的表現。

二〇二〇年，研究公司 MarketsandMarkets 對全球營養品產業的預估值為每年一千三百六十二億美元[149]。而到二〇二六年時，這個產業預計價值則會變為兩千零四十七億美元。儘管越來越多的研究，都支持針對性營養補充品的價值，但這個產業的內部，仍然存在許多懷疑的態度（而我認為這是正確的）。這主要是因為各種駭人的法規、受污染的產品、被誤導的運用方式，而且有許多營養品，根本就沒有廣告中所宣稱的益處。然而，市場上依然有許多可以使用的產品，如果從有信譽的供應商那裡購買、並以正確方式服用，就有可能促進韌性、減輕壓力、改善健康，和降低疾病的風險。在討論韌性的時候，有一些明星產品，包括南非醉茄、白藜蘆醇和槲皮素，以及許多香草萃取物。這些萃取物，都有可以大大支持韌性、整體健康和表現。

■全明星——南非醉茄、白藜蘆醇和槲皮素

市場上有許多營養品，已經證實對抑制白細胞介素6是有效的，進而可以促進韌性。更有效的白細胞介素6抑制劑之一，就是適應原（adaptogen）——南非醉茄。

南非醉茄也被稱為 Withania somnifera 或印度人參。這是一種幾千年來在阿育吠陀

醫學中廣泛使用的香草。這種植物來自茄屬家族（這種植物的其他家族成員包括番茄、馬鈴薯和辣椒），是研究最廣泛的適應原之一。人們針對它作為抗氧化劑、抗致癌、抗焦慮、抗抑鬱、心臟保護、甲狀腺調節、免疫調節、抗菌、抗真菌、抗炎、神經保護和認知增強的作用，進行了各種研究。人們已經從南非醉茄中分離出超過三十五種化學成分，而事實證明，在各種研究環境中，南非醉茄都可以保護細胞免受氧化的傷害和疾病。

二〇二一年，一個龐大的印度研究團隊，進行了一項隨機安慰劑對照試驗，測試了南非醉茄和其他適應原，在支持新冠肺炎康復的功效。治療組由四十五人組成，每天兩次口服五百毫克的南非醉茄，以及另外三種草藥化合物，為期七天。在安慰劑組中，五十名患者則接受了外觀相同的藥片和點滴。在研究的第一天和第七天，研究人員謹慎測量了關鍵炎症指標，白細胞介素6、腫瘤壞死因子α和C反應蛋白的水準。雖然兩組的免疫指標在第一天還相似，但到了第七天，兩者的差異就變得很大了。治療組的白細胞介素6水準降低了百分之兩百五，C反應蛋白降低了百分之一千兩百四十，腫瘤壞死因子α則降低了百分之兩千。更引人注目的是，治療組的所有患者都完全康復了（才過一週），而安慰劑組的康復率則為百分之六十[150]。

對南非醉茄進行的許多研究中，使用了各種範圍的劑量、在各種方面的運用，都顯示出優異的結果，除了主要的炎症指標減少（特別是白細胞介素6）之外，壓力激素腎上腺素和皮質醇、血糖和脂質也顯著下降[151]。[152]

血清素和GABA

持續補充（三週或更長的時間）南非醉茄的另一個強大的好處，是它對血清素和GABA的正面影響，這兩種神經化學物質，都因為它們在韌性和人類潛力中的作用而聞名[153]。我們知道血清素會影響情緒、睡眠和情感行為，但鮮為人知的是，這種分子也會促進人類連結、學習、記憶、認知能力，以及最值得注意的是，免疫行為的調節[154]。GABA則是心靈自然平靜的訊號。它的作用是促進放鬆、寧靜感、改善睡眠，以及緩解壓力和焦慮。它也會起到平衡谷氨酸的作用，谷氨酸是一種刺激性的神經化學物質，會因為神經炎症而顯著升高。

風險和考量

在服用任何營養品——特別是適應原——之前，重要的是，請先和你的醫生或醫療顧問談談。如果你有潛在的健康狀況或健康缺陷的家族史，這一點就更為重要。

目前的文獻報告顯示，即使在極高的劑量下，南非醉茄的毒性也很低。然而，如果要將南非醉茄與其他藥物結合，特別是第一代抗憂鬱藥物單胺氧化酶抑制劑（MAOIs）時，就必須謹慎一點。許多營養品和藥物，已證實與MAO抑制劑有負面的交互作用，所以這類藥物在許多情況下，都被新一代的選擇所取代了。

最後，如果你正懷有身孕、哺乳或對茄屬類的植物過敏（番茄、馬鈴薯、茄子、辣椒等），最明智的做法，就是避免使用適應原，因為南非醉茄也屬於同一個家族。

南非醉茄目前的劑量指南

最低有效劑量	50～100毫克／天
建議劑量	300～500毫克／天
更高的劑量範圍（仍在安全限度內）	1000～6000毫克／天

為獲得最大效果

南非醉茄根的萃取物，是補充的第一選擇，且最好與膳食一起服用，尤其是早餐。

白藜蘆醇和槲皮素

其他適應原，如白藜蘆醇和槲皮素，已經證實對韌性具有驚人的助益，而且多年來都是我個人的最愛。白藜蘆醇是一種多酚類營養物質，存在於七十多種植物中，包括藍莓、葡萄、可可和花生，並與許多延長壽命的優勢有關。它的用處之大，甚至得到了老齡化領域的世界權威，哈佛醫學院遺傳學教授大衛・辛克萊爾博士（Dr David Sinclair）的強烈認可。除了白藜蘆醇強大的免疫調節效果之外，這種植物化合物，還具有強大的神經保護和情緒支援作用。

＊警告：

非常高劑量的白藜蘆醇（每天超過二點五克）可能會帶來一些副作用，包括噁心、嘔吐、腹瀉和潛在的肝功能障礙。極端劑量的另一個問題，則是細胞損傷和壓力增加的可能性[155]，而在較低到中度攝取的狀況下，我們會看到相反的反應。

槲皮素是一種化合物，存在於刺山柑、蘋果、漿果、洋蔥、番茄、葡萄、茶和許多其他水果和蔬菜中。它最廣為人知的特性，是一種持久的抗炎物質，具有巨大的免疫調節能力[156]。像許多適應原一樣，槲皮素提供了許多健康益處，遠遠超過對免疫系統的影響，如對抗自由基和預防神經系統疾病。雖然槲皮素補充劑並沒有明顯的副作用，但是請注意，它可能會與某些藥物產生交互作用[157]。如果你正在服用其他藥物，請先諮詢你的醫生。

白藜蘆醇和槲皮素目前的劑量指南，及其對促炎細胞因子的深遠影響

營養素	對白細胞介素6表現的影響	對腫瘤壞死因子α表現的影響	建議每日劑量
白藜蘆醇	下降100%	下降79%	150～445毫克
槲皮素	下降98%	下降43%	1～2克

香草和香料

幾十年來，營養領域的研究顯示，水果、蔬菜、香草和香料含量高的飲食，都可以促進健康與活力，並對許多炎症疾病提供顯著的保護[158,159]。二〇一〇年發表在《食品化學》（Food Chemistry）雜誌上的一項研究，使用了研究和評估藥物的標準模型（脂多糖〔LPS〕刺激所產生的巨噬細胞）[160]，篩選了一系列食物和化合物的抗炎活性。這項研究顯示，某些植物萃取物和化合物，不僅會抑制白細胞介素6和其他促炎分子，如腫瘤壞死因子 α，而且還有可能提高強效抗炎蛋白，例如被稱為白細胞介素10的蛋白。白細胞介素10表現的增加，會限制許多原發性炎症的途徑以及小膠質細胞（小膠質細胞是大腦的內在免疫系統），而這有可能會改善健康和帶來顯著的韌性。某些最有效的抗炎食物，可能會讓你不敢置信，因為它們包括了辣椒、黑胡椒、鼠尾草、牛至、肉桂和肉豆蔻。

這些數字進一步支持了一個事實，那就是均衡、富含植物的飲食，可以強力促進韌性，減少面對逆境時的脆弱性。要成功創造出均衡、富含植物的飲食，關鍵是隨時尋找縫隙來把這些食物納入攝取範圍內。例如，加入（大量的）肉桂進入你的早餐燕麥或麥片中，或是將黑胡椒粉撒在鹹味零食上。烹飪時，如果喜歡的話，也可以在食物中大量加入辣椒粉、鼠尾草、牛至和辣椒。

用來減少炎症的十大香草與香料

食物／香料	對IL-6表現的影響
辣椒	下降81%
黑胡椒	下降90%
肉桂	下降57%
薑	下降50%
人參	下降12%
肉豆蔻	下降70%
牛至	下降49%
紅辣椒	下降28.4%
鼠尾草	下降62%
百里香	下降26%

■植物萃取物可以對抗皮質酮

皮質酮是皮質醇的合成形式，廣泛用於管理炎症疾病和與免疫失調有關的健康問題。在這方面，很少有藥物是有效的，任何使用過皮質酮的人都可以作證。

發表在《食品化學》上的一篇研究，比較了皮質醇（皮質醇是由身體產生的，和皮質酮正好相反。皮質酮是一種合成衍生物）與蔬菜和水果、草藥和香料中發現的許多抗炎萃取物。雖然皮質酮確實降低了白細胞介素6和腫瘤壞死因子α，但它的潛力被至少九種植物萃取物所遮蔽了，包括羊皮素（存在於洋甘菊、鼠尾草、百里香、歐芹中）、辣椒素（存在於辣椒中）、槲皮素（存在於蘋果、漿果、歐芹中）、黃素（存在於迷迭香、鼠尾草、百香、歐芹中）和白藜蘆醇（存在於紅酒、葡萄、開心果、藍莓和可可中）。

皮質醇具有額外優勢的地方，是它有能力調節炎症的途徑（而不是抑制促炎反應），它可以將白細胞介素10的表現增加到百分之一百三十。

這其中最簡單的訊息是，光是在食物中新增更多的香草和香料，我們就可以改善自己的健康，並為提升韌性創造一個更好的環境。

本章節強調了健康行為可以為我們的現在及未來帶來力量。要得到這股力量，我們要更頻繁地運動、更慎重地選擇運動類型，以及活動的強度和時間，而這在條路上，推動我們往前的很大一部分是由免疫調節，和更強的神經化學表現與平衡所驅動的。與此同時，我們為自己選擇的食物和營養品，則能進一步幫助我們實現夢想、願望，和駕馭這個無比複雜的世界，並能在這之中充滿無窮的挑戰。

■章節小結

- 降低韌性的負面行為和活動，包括過量的飲酒、睡眠不足、大量攝取加工糖、吸菸和長期的心理壓力。
- 運動和健康的飲食可以改善免疫調節，進而促進韌性。
- 運動會增加並支持腦源性神經營養因子、血清素和多巴胺的分泌。
- 運動可以降低炎症，是因為包括白細胞介素10和腦源性神經營養因子在內的八種以上的抗炎因子會增加。
- 雖然所有形式的運動都能降低炎症，但高強度的間歇運動益處最大。這主要是因為身體脂肪的減少、腦源性神經營養因子又會升高較多（與中等強度的相比），生長激素釋放也會增加，並透過培養對疼痛的耐受度，增強精神的韌性。

■ 腦源性神經營養因子表達和訊號增加百分之十至三十，就可以增強認知、創意、記憶力和智商。它還能對抗憂鬱症與焦慮。

■ 任何能夠達到、並保持最佳體重的飲食計劃，都會提升韌性。

■ 與混合的飲食相比，素食或植物性飲食，可以將身體系統的炎症降低百分之七十二。

■ 在免疫調節和提高韌性的前提下，植物性飲食的最大好處，是纖維含量高。

■ 動物性蛋白質消耗量降低與神經肽Y的水準升高有關。神經肽Y這種分子，具有非常優秀的韌性促進作用。

■ 地中海飲食是所有飲食模型中得到最多研究的。它的特點是大量攝取橄欖油、新鮮蔬菜、時令和當地水果、豆類、堅果、魚和未精製穀類，並適度攝取葡萄酒、家禽和低脂乳製品。精製碳水化合物和糖、加工食品和紅肉，則壓在最低限度。

■ 長期堅持地中海飲食，可以將炎症指標壓至低於標準百分之二十三。

■ 許多營養素已經證實可以減少炎症並提高韌性。這方面的明星食品包括南非醉茄、槲皮素和白藜蘆醇。

■ 幾種常見的香草和香料，已經證實具有卓越的抗炎特性。較有效的食物和化合物，包括辣椒、黑胡椒、肉桂、生薑、肉豆蔻、牛至、紅辣椒、鼠尾草和百里香。

你的個人韌性有幾分？

■省思測驗

這個簡短的韌性測驗，可以幫助你客觀檢視你的強項與弱點。它根據七大領域來劃分，這代表如果你在某個領域的分數較低（低於百分之五十），你就可以回頭看看本書的相關章節，來參考執行的步驟。測驗的滿分是一百零二分。

分數標準：

非常有韌性：90～102分
有韌性：70～89分
中等韌性：50～69分
不太有韌性：0～49分

人格特質	是的，非常（3分）	有時候（2分）	很少（1分）	從未（0分）
我喜歡外出，有時甚至非常外向				
我很樂觀				
我很有責任感				
我會歡迎新的體驗				
我很隨和				
我通常被人視為平靜的人				
階段分數：				／18分
現在的環境	是的，非常（3分）	有時候（2分）	很少（1分）	從未（0分）
我的家庭和（或）工作環境是正向和充滿鼓勵的				
我會形容與我親近的人都是體貼而關懷的				
我被支持、熱情與同理心所包圍				
階段分數：				／9分
修正已經存在的適應機制與發展新的機制	是的，非常（3分）	有時候（2分）	很少（1分）	從未（0分）
我總是努力提升我已經擁有的生存技能與能力				
我認真學習新的技能，儘管過程可能有些挫折				
階段分數：				／6分
我的童年時期	從未（3分）	很少（2分）	有時候（1分）	很難過，但是是的（0分）
我的成長過程中充滿了不確定性與無常（社經環境）				
我有時候感到被遺忘、不受照顧、或是不被愛				

（續下頁）

（續上頁）

我經歷過情緒虐待				
我是身體或性方面虐待的受害者，也／或是經歷過創傷（重大身體傷害、手術、疾病）				
階段分數：				／12分
認知重新建構	是的，非常（3分）	有時候（2分）	很少（1分）	從未（0分）
我會把挫折、失敗與挑戰視為自我進步與成長的機會				
你有辦法在你經歷的諸多挑戰中找到意義嗎？				
你有時候會重新檢視壓力事件的細節，並試著讓它不那麼負面嗎？				
階段分數：				／9分
掌握壓力反應	是的，非常（3分）	有時候（2分）	很少（1分）	從未（0分）
我的生命中有特別的人（父母、朋友、伴侶）可以讓我感到安全與保護				
我有好的情緒支持架構				
我可以處理我的壓力（透過運動、諮商、營養品、飲食計畫）				
我會規律進行正念冥想，或是其他類型的冥想				
階段分數：				／12分
免疫	是的，非常（3分）	有時候（2分）	很少（1分）	從未（0分）
你相信你下定決心要做的事大多數都可以達到嗎？				
你會設定短期與長期目標嗎？				
你會進行帶來快樂的活動嗎？				

你的生命中有會每天為你帶來歡笑與快樂的人嗎？				
你相信你的未來會伴隨著美好的承諾嗎？				
你相信你有能力影響自己人生的方向嗎？				
你一週會進行至少三次的有氧運動嗎？				
你一週至少會進行一次激烈的運動嗎？（例如混合健身、間歇性運動、競爭運動）				
你的體重在正常範圍內嗎？（例如 BMI 值的 18.5~24.9）				
你的飲食計畫是高纖、低紅肉、麩質、精製糖和乳製品攝取的嗎？				
以下營養品，你有服用兩種以上嗎？（Omega，3 脂肪酸、維他命 D、益生菌、槲皮素、南非醉茄、白藜蘆醇、薑黃素）				
你有把香草和香料加入你的食物中嗎？例如黑胡椒、牛至、肉桂、鼠尾草、紅辣椒、百里香				
階段分數：				／36 分
總分：				／102 分

個性很重要
更外向、有責任感、樂觀、隨和和開放的心態，會支持韌性的發展。實際運用：專注於建立起其中一種或兩種性格特徵

→

為自己創造正確的環境
建立一個積極、鼓勵、專注、關懷、富有同情心和支持的空間

→

考慮為你和（或）你的家人和（或）團隊進行基因測試
基因的選擇應包括HTTLPR、COMT、DRD4、FKBP5、BDNF、OXTR和MAOA

↓

有過兒童逆境的人，需要長期的壓力管理
在我們的成長過程中，如遭受過虐待、忽略或充滿不確定性，可制定一個長期的壓力管理計劃來完善和提高現有的復原力技能（寫一份你當前的優勢清單）

→

努力完善並建構現有的韌性技能
重點領域應該包括：認知重新評估的實踐，加強支持系統，養成習慣和動機，培養信心和健康

→

努力完善並建構現有的韌性技能
重點領域應該包括：認知重新評估的實踐，加強支持系統，養成習慣和動機，培養信心和健康

↓

培養韌性的最佳時機是在童年時期，因為在這個時期大腦具有可塑性

→

韌性具有明確的神經特徵，包括增加大腦體積和運用那些提升注意力和專注度、決策、計劃、衝動控制和記憶的區域。此外，韌性也會因為杏仁核和主要大腦網路之間的連結減少，而得到提升。

→

透過冥想練習和持續補充Omega-3脂肪酸，可以為大腦結構帶來正面的改變。

↓

智力和情緒調節會控制韌性。
最有效的韌性技能是認知重新評估

→

有三種主要的認知重新評估策略。分別是：心理距離、挑戰現實和改變環境。衡量認知重新評估的一個好方法，是透過心理語言學。

→

認知重新評估也高度依賴兒茶酚胺（多巴胺、去甲基腎上腺素和腎上腺素）的水準和活性的提升。因此，COMT酶的表現，是認知重新建構的重大決定因素。為了減少COMT酶的表現、增加多巴胺，請定期進行有氧運動和（或）補充假馬齒莧。

↓

掌握你的壓力反應
雖然有許多壓力管理策略，但社會支持和緩衝，提供了無與倫比的好處。其中包括：大腦恐懼中心的活動減少，執行區域的活動增加，以及催產素的表現增加。

→

正念冥想可以對抗孤獨的影響，並進行壓力調節。催產素可以支持韌性，並防止孤獨的負面影響。運動、瑜伽或補充槲皮素、維生素D、乳酸桿菌、維生素C和鎂可以增加催產素的表現。

→

韌性受到免疫行為支配
神經炎症會減少血清素、多巴胺和BDNF，也會增加穀氨酸和壓力反應

↓

韌性的生物標誌物白細胞介素6則可以透過個人控制、更積極和樂觀的態度，來進行更有效的調節。

→

健康行為會支持免疫調節並提高韌性
為了支持免疫行為，請試著定期進行（強烈的）運動，減少紅肉、加工糖、精製碳水化合物、油炸食品、乳製品和麩質。同時增加發酵食品、纖維、新鮮蔬菜和時令水果、未精製穀物、Omega-3脂肪酸、魚類和消化酶的攝取量。香草和香料以及南非醉茄、白藜蘆醇和槲皮素，對免疫調節和健康有令人難以置信的強大效果。

第三部分：

奧運冠軍的韌性課程——成爲行爲科學大師

每項成功背後都有壓力

當我還是個小男孩，我就被運動員優異的運動表現，以及所展現的能量、興奮感和神祕感所吸引。我一直很好奇，菁英運動員是怎麼達到如此高水準的技能和成就的？對我來說，他們簡直就是超人。

看著我的童年英雄，包括瑪蒂娜・娜拉提洛娃（Martina Navratilova）和伊凡・倫德爾（Ivan Lendl），幫助我暫時忘記了生活中的挑戰和掙扎，也讓我相信，如果你足夠努力，凡事皆有可能。這些體育明星充分地整現了這一點。

不幸的是，像許多孩子一樣，我並沒有處在一個能支持或鼓勵我個人和體育發展的環境。但運動和體育界的誘惑，總是強烈地吸引著我。

當大人們問我長大後想成為什麼樣的人時，我總是回答說我想和世界上最厲害的運動員們一起工作，幫助他們變得更快、更強壯、身材更好、更健康。從本質上來講，我是想幫助他們成功。我從不懷疑自己的目標。

但那是一九八〇年代初，在那個時候我所謂的「職業」選擇有點不受歡迎。「那不是個職業。」通常在我熱情的回應之後，人們都會這樣說。「不如考慮當個醫生、會計師、或是餐館老闆吧？」雖然這些選擇也很吸引人，但我依然堅持己見，而這也常常引起大人們的嘆息、搖頭和翻白眼。「你到底要怎麼實現這個目標？」有些人會這樣問我。當時我才十二歲，叫一個十二歲的孩子給你一個二十年的事業策略，總是會讓對話立刻結束。小時候，我並不知道我該怎麼做，但我知道我唯一的優勢是熱情、動力和希望。

時間快轉二十年，我已經在與世界上最具代表性的一群運動員（包括我的童年偶像——瑪蒂娜．娜拉提洛娃）以及運動隊伍合作了。當我第一次進入職業體育的世界時，我對運動員每天面臨的困難和挑戰感到震驚不已。我們在社群軟體、媒體和廣告上看到的職業運動員的生活，完全看不出他們有著艱苦和嚴酷的現實。

為了讓各位更加瞭解這個世界，在一個包含了一千八百零九人、三十四項研究的研究分析中，顯示運動員隨時都在經歷大約六百四十種不同的壓力源[161]。這些壓力源可以分為三十一個子分類，又分別落在四個主要類別之下，圍繞著領導力和人際、團隊和團隊文化、環境和個人挑戰的問題。

職業運動員常經歷的壓力源

領導力與公眾	團隊與文化	環境	表現與個人問題
• 教練的行為和互動 • 教練的個性和態度 • 期望 • 支援人員 • 政府官員和管理機構 • 媒體和觀眾	• 隊友－行為和互動 • 溝通 • 氛圍和支援 • 規範和角色 • 目標	• 設施和器材 • 遴選過程 • 培訓 • 旅行 • 法規 • 干擾 • 安全 • 技術 • 工作和非工作的生活間沒有區別	• 傷害 • 疾病 • 財務 • 飲食和生活方式期望 • 職業過渡 • 感情關係 • 孤獨 • 疲勞 • 失敗和表現下滑

在新冠肺炎爆發之前，許多壓力因素對我們大多數人來說都還十分陌生，而且完全無法同理。但因為這個新的現實，讓我們每個人都身處其中，而令人驚訝的是，職業運動世界在過去與現在所經歷的壓力與我們在日常中常經歷的壓力居然重疊了。像是，支離破碎的感情關係、孤獨、孤立、失望、反覆的失敗、工作與家庭的衝突、疲勞、疾病、身體疼痛、突然結束的職業生涯、延長的工作天數，再加上持續的經濟壓力，現在都成了我們能理解的集體體驗。

但這其中的主要區別在於，這並不是我們選擇的，我們是被動參與過去幾年發生的變化，且隨之而來的壓力也壓倒了我們的生活。與我們不同的是，那種壓力環境是運動員們選擇過的生活，並以最高水準來積極尋求參與並面對日復一日的挑戰和困難。

有趣的是，幾乎所有的韌性理論，都是基於臨床的人群（兒童、成人、家庭、社會），他們自己沒有選擇，而是被迫對生活中的創傷和壓力事件做出反應。因此，這些人的韌性是應對和維持基本生活功能的先決條件。

這也就是為什麼目前對運動員和韌性的研究體系，會變得如此習習相關，又能套用在我們自己的生活中。這些發現與生活各個領域的頂端人才有關，他們會主動將自己置於嚴苛的環境中，以提高他們的效率水準和整體成功的機會。這些學習為我們提供了工具，可以提升處理壓力和逆境的能力，並分別在有利和不利的條件下充分發揮我們的潛力。

在過去的幾十年裡，學界從運動員和體育的角度，對理解韌性進行了大量的研究。在這段時間裡，影響最大的研究（當然包括我和優秀團隊與獨立運動員的合作），一直都是拉夫堡大學的大衛·弗萊徹和諾丁漢特倫特大學的穆斯塔法·薩爾卡的《奧運冠軍心理復原力理論》[162]。

這項在二〇一二年發表的開創性研究，目的是探索和闡明心理韌性與精英運動表現之間的關係。多年來進行的許多研究都表明，奧運金牌得主的心理特徵，使他們與表現平平的運動員們有所不同。基於這個觀點，他們採訪了來自四個國家的十二名奧運冠軍（包括男性和女性），分別代表一系列不同的運動（包括個人和團體），介紹了他們在漫長而起伏的體育生涯中，遭遇的逆境、挫折、壓力、失敗和成功。

研究結果顯示，奧運冠軍擁有一組強大的心理因素和核心行為，可以保護他們免受壓力和逆境的潛在負面影響。這些心理特徵在最極端的條件下，會為他們的內心提供保護，並確保在最重要時取得成功，例如當有表現的壓力、必須要交出優異的結果時。

研究中的運動員，沒有一個人在職業生涯中是躲得過逆境和挑戰的。事實上，這個小組的每個運動員，都持續經歷著重大的困難，他們之間唯一的差異，只有逆境的頻率、強度和持續的時間。

研究發現，奧運冠軍的壓力多半來自三個不同的來源：

1. 競爭壓力（令人敬畏的對手、失去優良的體態、自我懷疑的增加、表現不佳）。
2. 組織問題（政治、揮之不去的要求、行政上的困擾）。

3. 個人挑戰（體育與家庭的衝突、受傷、健康狀況不佳、疲勞）。

儘管這些問題都具有高度挑戰性，但在研究及縝密的採訪過程中，發現正是壓力和逆境本身，才會帶來奧運時的成功。

根據弗萊徹和薩爾卡的說法：「最重要的是，暴露在壓力下，是奧運冠軍壓力韌性—表現這條關係鏈的一個基本特徵。事實上，大多數的參與者都認為，如果他們沒有在特定時間經歷過某些類型的壓力，包括父母離婚、嚴重疾病和威脅職業的傷害等嚴酷的逆境，他們就不會贏得金牌。」

這群冠軍中存在著某些最強大的韌性技能，包括認知重新評估、後設認知和積極的個性。我們有幾個實用的方法可以發展和完善這些技能，並將它們納入我們的生活中。

冠軍技能一：認知重構

我真的認為冠軍的定義不是他們的勝利，而是他們摔倒時是如何爬起來的。

——席琳娜・威廉斯（serena williams）

在奧運冠軍許多增進韌性和成績表現的心理策略中，認知重構是幫助我們在逆境成功時最有效的核心行為。

重新建構已經成為代表奧運選手精神中不可或缺的一部分，也因此，他們將壓力、挫折、失敗、失望、障礙和挫折，視為個人成長、運動發展和自我掌握的機會。此外，他們在面對挑戰或經歷壓力時，越接近自己的運動潛力時（也就是他們的狀態越好時），越能看到危機本身所包含的機會。克服困難和障礙似乎更幫助了奧運冠軍們，因為他們覺得自己對對手有了心理和競爭心態上的優勢。

對許多人來說，在職業生涯的高峰期，重大事件或個人失敗，都會深深影響我們的信心、自信，甚至是我們照著選擇的方向繼續努力下去的意願。它會震撼我們的內心，而在那些情況下，當我們把注意力集中在導致事件失控的外部因素上時，要我們創造機會幾乎是不可能的，更不用說是著尋找當中的意義了。但是如果我們暫停一下，有勇氣地將自己抽離這個處境，並客觀地反思，我們就會發現，整個經歷中往往包含著一個禮物。

在我投入職業運動界的二十多年裡，我可以回憶起無數個精英運動員，透過認知重構克服重大挫折與失望的例子。話是這麼說，不過這種核心韌性技能最好的例子之一，無疑是英國田徑冠軍喬納森・愛德華茲（Jonathan Edwards）。

當愛德華茲還是個孩子的時候，他就對運動充滿熱情，不只擅長於參加的每一項運動，還獲得了許多卓越的體育獎項。然而，周遭大人都人為職業運動不算是一個職業選擇，他相信了這個觀點後，便一直保持著強烈的職業道德和對學術研究的投入，並得到了學校的最高學術卓越獎。

他的熱情所在是三級跳遠，而儘管在一九八四年，在他十八歲時贏得了英國學校錦標賽的冠軍，但按照國際標準和傳統的表現與發展標準，愛德華茲的步伐卻是遠遠落後的——他所跳的距離並沒有什麼了不起。但是他的父親相信他、也相信他的能力，並鼓勵他在整個求學生涯中繼續努力練習三級跳遠。

愛德華茲去杜倫大學繼續研讀物理，而二十一歲時，想要成為運動員的衝動還是一如往常地強烈。他決定，一旦他完成學位，他就要專注於全職的職業運動。他最強的能力是他的速度，而這在三級跳遠中是最基礎的——他還是有希望可以發展他的體育生涯。令人難以置信的是，愛德華茲在決定成為一名全職運動員後，短短的時間內，就獲得了參加一九八八年韓國首爾奧運的資格。雖然這已經是一個夢想成真了，但他也嚇壞了。他回憶道：「拿著我的裝備，和戴利．湯普森（Daley Thompson）在同一個團隊，又在訓練營看到卡爾．路易斯（Carl Lewis）。我還記得當時的我想著，我到底在這裡幹嘛？」

在四十三名參賽者中，愛德華茲是相對資淺的全職選手，以十五點八八公尺的距離排名第二十三位，僅比當年的金牌得主少了兩公尺。

愛德華茲有一個令人驚艷的開頭，而這個成果促使他埋首更努力地訓練，加深對這項運動的投入，並以三級跳遠選手的身分繼續成長和發展。如果他可以在第一次的奧運上獲得第二十三名，那麼四年後他在下一屆奧運中取得的成就，可能性就無窮無盡了。四年過去，愛德華茲再次參加了在西班牙巴賽隆那的奧運。成為全職選手五年之後（而不像上屆奧運時只有一年），會為這次的奧運結果帶來什麼差異嗎？他自認為，他的狀態這輩子沒有這麼好過！

可惜的是，奧運讓愛德華茲非常失望。儘管他盡了最大的努力，也接受了額外訓練，但他只跳了十五點七六公尺，排名第三十五位。他甚至還退步了。要是處在同樣的境地，我們許多人大概會感到徹底的沮喪和挫敗。五年全職的犧牲、一次次把自己的身體推向極端、減少的社交互動、嚴格的飲食控制、每天過著單調的生活、傷害與疼痛，但他不僅沒有進步，反而漸漸地退步了。對大多數人來說，若是有良好的教育背景作為保險，這種類型的挫折，就是在告訴你該換個工作了。

但愛德華茲不是別人，而他的職業生涯還遠遠沒有結束。他利用失敗來激勵自己，找到勇氣，並用比以前更大的決心向前邁進。

儘管他做出了堅定的努力，並在一九九三年的世界錦標賽上獲得了銅牌，但隨後兩年的結果令他深感失望。一九九四年，愛德華茲經歷了進一步的挫折。在成為全職運動員將近七年後，他感染了人類疱疹病毒第四型。這種病毒通常與傳染性單核細胞增多症有關，這種疾病阻礙過許多運動員的職業生涯，甚至還讓某些人的運動生涯提早結束了。在網球界，羅傑·費德勒（Roger Federer）、安迪·莫瑞（Andy Murray）、安迪·羅迪克（Andy Roddick）等明星，和其他無數個運動員，為了從這種病毒中恢復過來，都不得不放棄至少一整個賽季。有些情況下，運動員一直康復不了，因此不得不退休。

人類疱疹病毒第四型與慢性疲勞、虛弱、發燒有關，並可能導致貧血和心臟炎症，稱為心肌炎。這些症狀通常會持續一個月，但許多患者可能會感到不舒服超過六個月，並在過度訓練或慢性壓力下繼續復發。所以運動員才會特別需要與這種特殊的病毒抗戰。

如果巴塞隆那奧運的失望和失敗沒有充分動搖愛德華茲的運動夢想，那麼臥床幾週或幾個月，肯定會使他結束失望又困難的的職業生涯吧。但是，作為重構大師，愛德華茲不僅將暫時休息視為自己必要的休息與恢復的機會，他還充分利用了他的物理知識。對運動物理學的深刻理解和應用可以大大地影響任何一種運動，特別是三級跳遠的速度、高度和距離。在病床上與病毒抗戰時，愛德華茲深入地反思他的跳遠技巧和訓練，並開發了一套能夠完善他的訓練和發展計劃的新方法。作為技巧分析的一部分，他看了自己和競爭對手的跳遠影片無數個小時。

因此，愛德華茲大大改善了自己的跳遠技術，經過充分休息後，開啟了新的一年，並擁有了全新的動力與熱情。在一九九五年的第一次的重要賽役中，愛德華茲打破了英國的全國紀錄。過去八年的勤奮，終於要獲得回報了嗎？

那年六月，愛德華茲在法國里爾參加了歐洲盃。在熱身中，他看起來充滿爆發力，感覺也很好。在他的第一輪嘗試中，他跳出了令人難以置信的十七點九公尺。當時的世界紀錄是十七點九七公尺，這是一個讓人不可置信的結果。他欣喜若狂，充滿了自信。他為第二次嘗試做好了準備。他把雙手舉向空中，對群眾們示意，然後對自己說了幾句話，深吸一口氣，開始衝刺。根據當時三級跳遠分析師的說法，他的每一步、每次腳的觸地、每個動作都是完美無瑕。最終，他跳出了驚人的十八點四三公尺——這是這項運動有史以來最長的距離！不幸的是，當天的風速剛好超過了每秒兩公尺的法定規範（當天是每秒二點四公尺），因此，他的成績無法成為新紀錄。但是顯而易見地，他的時代已經到來了。他不僅發揮了自己的潛力，也重新定義了這項運動的標準。

幾週後，愛德華茲在西班牙舉行的省級比賽中，以十七點九八公尺的距離正式打破了世界紀錄。

整個一九九五年夏季，他的狀態都一直在改善。世界錦標賽於當年的八月舉行，這是今年最大、最重要的體育盛事。作為目前的世界紀錄保持人和「最值得打敗的人」，參加這項競賽的壓力非同小可。在愛德華茲的職業生涯中，這是第一次，全世界都對他抱有極高的期望，這也是一種非常不同的壓力體驗。

「儘管我那年已經打破了世界紀錄，但在我看來，如果我沒有贏得世界錦標賽，我的賽季就會被人們視為失敗了。」他說。「所以我感受到了巨大的壓力，我從來沒有在參加哪一場比賽的時候被人期待要獲勝。而且不止是期待獲勝而已，還要打破世界紀錄，所以我被嚇壞了。」

正如人們預期的那樣，他一舉飛入了決賽，但他很清楚，他的競爭對手，有些是這項運動中史上最偉大的跳遠選手。

愛德華茲承受著全場觀眾的目光，準備進行第一次跳躍。他展開衝刺、飛越跑道、起跳、並降落在十八公尺的記號之外。他高高跳起、舉起雙臂，欣喜若狂。用不了多久，這個紀錄就正式留下了！喬納森．愛德華茲以十八點一六公尺的距離打破了他之前的世界紀錄（只維持了二十天）！十八公尺的障礙已經正式打破。

「這是一次盛大的慶祝，但也是一次巨大的解脫。」愛德華茲回憶道。

但愛德華茲的工作還沒有結束。

他在過去八年、甚至是更久之前，所經歷過的失敗、掙扎、挫折、挑戰、失望、障礙和沮喪，都像是為了帶他到達運動巔峰的一個龐大且複雜的計劃之一。二十分鐘後，他在跑道上參加了第二輪比賽，但這次的差別是，當他準備起跳時，他臉上帶著微笑。他的預備動作保持不變，他在衝刺前對自己說了幾句話。他再次降落在十八公尺之外。他不敢相信，群眾爆出一陣歡呼，而他的競爭對手們都倒抽一口氣。官方的數據是十八點二九公尺——他打破了一分鐘前才創下的世界紀錄。喬納森・愛德華茲是歷史上唯一一位連續兩次創造出兩項世界紀錄的田徑選手。驚人的是，他的記錄至今仍然保持著。

愛德華茲又贏得了六次歐洲盃賽、歐洲錦標賽、兩次世界錦標賽、大英國協運動會和體育界最珍貴的勝利——兩千年時，在雪梨獲得了奧運金牌。

■成長的心態

奧運冠軍們最終展示的，就是史丹佛大學教授卡蘿・杜維克（Carol S. Dweck）所說的「成長心態」。在她的必讀著作《心態致勝：全新成功心理學》（*Mindset: The New Psychology of Success*）中，提出了一個簡單的前提：世界上分成兩種人，一種是對學習保持開放態度的人（成長的心態），另一種是對學習保持封閉態度的人（封閉的心態），而這種特質最終會影響你一生的潛力[163]。成長心態的意思是，無論你身處的狀況如何，都相信自己可以透過實踐和努力，不斷培養和提升能力。

相反的，封閉的心態是，認為能力是先天決定的，而且很大的程度上沒辦法被改變。在面對挑戰和逆境時，封閉的心態會讓人產生更高的脆弱性，而這背後的原因，是因為任何形式的失敗，他們都會將原因歸因於自己能力不足、或是自己的弱點被顯現出來才導致失敗。當然，這些只不過是自己的認定和強加到自己身上，而反映出心態本身而已。有趣的是，等到解構時，我們才會發現，這背後驅動的恐懼，是因為會擔心讓他人感到失望。而這會導致這個人一次又一次地想要向世界證明自己。

例如，一個封閉心態的運動員正在經歷自己的低潮時期，通常會用以下的方式表達他們的挫折感：也許這種比賽終究不適合我。也許我不該在這項運動上進行這種等級的競爭。我這麼努力了，但我做的事都沒有帶來任何改變。我的團隊一點用都沒有——他們才是我的問題所在！

相反的，那些有成長心態的奧運選手，就不會讓失敗定義自己。取而代之的是，他們將失敗視為改進和向前邁進的機會，就像喬納森·愛德華茲一樣。透過成長的心態，奧運冠軍和所有的菁英運動員都會把挑戰視為一種工具，促使他們面對和解決眼前的弱點和（或）侷限性時，能使他們在這個過程中更加強大。

他們對逆境的回應是：從長遠來看，這種挫折可能是一件好事，因為我可以和我的團隊重新達到共識。我雖然對這種情況感到失望，但我知道我需要改進的地方了；這次的失敗很痛苦，但我可以克服它，就像克服其他事情一樣。

有無數個偉大運動員的故事，包括足球明星萊納爾·梅西（Lionel Messi）、拳擊手穆罕默德．阿里（Muhammad Ali）和籃球員麥可．喬丹（Michael Jordan），他們在年輕時被拒絕、忽視或被排擠，因為他們「不夠快」、「不夠強壯」、「不夠有競爭力」或是——最不可置信的——「不夠高」。但是，他們都把挑戰和失望變成了成長機會，並能夠將失敗轉化為努力、更強的技能發展和更強大的成功動力。

你目前的心態是什麼？快速做一下這份測驗，便可以給你一個衡量的指標。

理想中的回應	是的，非常（3分）	有時（2分）	很少（1分）	從未（0分）
我會將挑戰視為一種成長機會				
只要是我下定決心的事，我幾乎都可以學習並做到				
我意識到成功有很大一部分是取決於我的努力和態度				
我感恩他人的回饋，即使這不是總是我想聽到的				
我發現別人的成功非常鼓舞人心				
我願意嘗試新事物，即使偶爾會失敗				

這個測驗最高得分為 18 分。
得分：

非常成長導向：12 至 18 分
不錯：6 至 12 分
我還需要努力：0 至 6 分

■章節小結

- 專業運動員每天都面臨著無數的壓力和障礙。最常見的挑戰，包括有領導能力和面對大眾的要求、團隊動力和團隊文化、訓練和競爭環境，以及個人問題。
- 運動員與其他群體不同，他們是主動選擇挑戰和逆境的生活方式。
- 奧運冠軍和其他有卓越成就的運動員，發展出了一套有效的行為和心理策略，好幫助他們應對競爭和來自組織的壓力，以及持續不斷的個人挑戰。
- 奧運冠軍將壓力、失敗、挫折和逆境視為個人成長、自我發展和掌握專業能力的機會。
- 奧運冠軍體現了「成長心態」，也就是一個人可以透過練習和不斷培養，來提升自己的能力。
- 奧運冠軍不會允許以他們的失敗來定義自己。

冠軍技能二：後設認知

你不能對任何事設限。你夢想得越多，就走得越遠。

——麥可・菲爾普斯（Michael Phelps）

除了將挑戰和逆境、挫折和失敗、痛苦和艱難當成學習更多個人掌握的機會之外，奧運金牌選手們，還能透過所謂的「後設認知」的認知過程，來承受高強度競爭的要求和壓力。後設認知是理解和控制思想的能力，主要靠的是更強的自我意識和自我掌握。

後設認知可以讓我們知道，我們雖然無法控制周圍不斷發生的外部環境和事件，但我們可以控制我們的思維方式。我們的思考方式，會轉化為我們的感受。思考與感受的方式，則會決定我們要說什麼以及如何使用語言。而我們傳達想法的方式，又會影響我們的行為，正如我們所知，從長遠的角度來看，就是我們的行為和習慣，創造了我們的現實。

後設認知是一種可以透過許多行為來發展的技能，包括自我對話、目標設定、使用意象，甚至是有意識和刻意去操縱激發的水準。接下來的這一節，我們要來探討自我意識和自我控制背後的驅動力，以及我們要怎麼將它們應用在我們自己的生活和環境之中。

■自我對話

近年來，最激動人心的網球比賽之一，就是二〇一九年的溫布頓網球決賽，大師羅傑．費德勒和強大的諾瓦克．喬科維奇（Novak Djokovic）。在這個公認是男子網球最競爭的時代中，兩位球員都盤據在世界網球的頂層十幾年。他們對決的統計資料顯示，這是一場偉大的決鬥，在他們對戰的次數中，費德勒贏得了二十二次，諾瓦克則是二十五次。與諾瓦克的四個溫布頓冠軍相比，費德勒則有八次溫網冠軍優勢。不出所料，這場比賽十分緊張，兩名球員都盡了他們最大的努力，將他們自己的個人錯誤降到最低。但是，費德勒似乎佔據了上風，尤其是在兩次破了諾瓦克的發球局、拿下第四盤後。支持著費德勒的群眾都瘋狂了起來。

正當球場上的能量達到類似於足球賽的狂熱點，而不再只是溫布頓網球決賽的等級時，諾瓦克喊了一個「安撫」暫停。諾瓦克在激烈的比賽中經常進行這種「安撫」式的暫停，藉此來重新集中自己的注意力，而以逆轉比賽的能力而言，他從休息室回來後取得成功的比例有八十三點三%。諾瓦克在賽後採訪，描述了他在第四盤結束後的這個策略性暫停中，與自己的一次對話。他一再告訴自己要專注於眼前，要活在當下，要相信自己的能力。他鼓勵其他人也可以使用這種技巧。

當諾瓦克回到球場時，正如歷史統計所顯示的那樣，他完全回到了比賽的狀態中。第五局持續了驚人的兩小時兩分鐘，諾瓦克得回了兩分，在網球史上最艱難的比賽中擊敗了費德勒。

在我們生命中最艱困的時期，我們的自述往往是沮喪、消極和極度自我批判的。我們傾向把所有的精力和注意力集中在眼前的挑戰有多麼難以對付，處境有多麼不可能對抗，有什麼事情行不通、以及它們為什麼行不通，我們的失敗之處、缺點、我們的個人侷限和我們無法預見事件的未來，或是拚命想像著沒有可行的結局或解決方案。但是，如果我們不用內在的掙扎（也就是自我譴責和絕望感）來增加我們承受的外在壓力，而是選擇認知到我們的現況，並專注在我們的優勢、才能、天賦和以往在逆境中的成功，再擔起自己的私人教練的角色；那麼，就像諾瓦克一樣，我們就是又給了自己一個機會，讓我們在克服生活中某個時刻的阻礙時，有八十三點三%的成功率。

自我對話是一種後設認知的工具，它的力量不容小覷，而且有許多研究文獻可以佐證[164]。當然，與自己進行這些重要的對話，是有適當的時間與地點的。在買菜或買咖啡時與你自己聊天，可能就不是最好的時刻！

■機動性的目標設定

世界上最優秀的運動員們，使用的另一種後設認知策略，就是保持強烈的目標導向。在職業運動的世界中，所有偉大的運動員都朝著同一個目標努力——發揮自己的潛力。當然，奧運、世界盃、大滿貫和代言，都有屬於各自的目標，但自我提升始終是他們的首要動力。

新冠病毒、工業革命4.0和烏克蘭戰爭，都帶來了一場挑戰。它們可能剝奪了我們所有人的目標、夢想和願望。在這樣的逆境氛圍中，無論是經濟上的掙扎、職業轉型、暴風雨般的感情關係、家庭或健康問題，還是任何幾種壓力的組合，所有的目標似乎都褪去了光彩，只被一個核心重點所取代——那就是生存！

托尼・羅賓斯（Tony Robbins）是一位成功至極的生活及商業策略家，近四十五年來一直處於領導地位，而他表示，為了要體驗快樂與成就感，我們需要感受到我們在生活中有所進步。這番話的意思是，我們要每天以目標為導向的方式前進，朝著對你而言十分重要的方向成長（例如健康與身材、人際關係、財富、商業、創意表現等）。我們的幸福和目標就取決於這個行動，而奧運冠軍們，永遠不會讓這一點離開他們的視線。

是的，逆境確實干擾了我們的計劃、時間表和預先安排好的行程，但它不會、也不應該剝奪我們對成長、願望和夢想的渴望。在這些時刻，我們就需要先強化我們的決心，並簡單地即時調整、適應、重新校準、重新評估和重新使用我們的目標。

■心理意象

使用意象是最流行和最廣為接受的運動心理學策略之一。它可以提升效能、增強適應機制，並幫助我們從失敗、失望和挫折中恢復過來。意象是一個可以練習和不斷修正的心理過程。在這個策略的核心，是創造和（或）重新建構某個體驗。

心理意象使我們能夠按照自己的條件踏入和走出過去與未來的事件。它也能使我們以更強的適應力和更靈活的心態，來解讀我們所經歷的挑戰性事件，讓我們做出更好的規劃和決策。例如，如果你此刻正在經歷健康問題，那麼想像自己康復和健康的模樣，便會激勵你做出更好的選擇，讓自己恢復健康。這可能會包含改善食物選擇、增加（但在控制範圍內）運動、營養品的補充，和更加掌握你週邊的環境。正確運用心理意象，便會用行動取代對不確定性的恐懼，並支持你達到最後的目標。

另一個好例子則是在準備大型演講的時候。腦中的排練，想像觀眾、燈光、氣氛和會後的問題，也能幫助你當天講得更好。以許多方面而言，你已經創造出一股熟悉感，好像你真的到達現場了一樣，這樣一來，你的成功機會就會更大。

我們的工作記憶[165]和未來的可能性[166]，也都會得到心理意象強大的幫助與強化。想像一個理想的未來，不僅可以支持我們實現夢想，也能幫助我們更容易回憶過去的經歷。

二〇二〇年，有一份文獻分析，包含了一千四百三十八名運動員、以及五十五項高品質的研究分析顯示，心理意象的訓練不僅能提升表現，對長遠的結果也會產生正面影響[167]。但是德國研究團隊也得出結論，就與大多數正向的習慣一樣，心理意象的用處，與人們投入其中的努力程度是成正比的。

麥可・菲爾普斯是有史以來最成功、得過最多金牌的奧運選手，總共獲得了二十三枚金牌。他從小就開始使用心理意象來安撫自己的緊張感，幫助他集中注意力。心理意象很快就成為他在競爭中最強大的武器之一。根據菲爾普斯的說法：「當我在想像的時候，我想像的是我想要的樣子，我不希望的走向，還有可能的發展。我總是準備好要迎接接下來要發生的事。」

在二〇〇八年的北京奧運中，菲爾普斯為自己設定了一個目標——超越馬克·史匹茲（Mark Spitz）在單屆奧運中贏得七枚金牌的記錄。菲爾普斯會參加八場賽事，以打破史匹茲保持了三十六年的長期記錄。他必須在每一場賽事中都贏得一枚金牌，並在九天內完成十七場比賽。

這個挑戰簡直就是超人的等級，而且不像史匹茲只選擇了一百公尺和兩百公尺的距離，且只有兩種游泳姿勢（蝶式和自由式），菲爾普斯選擇參與四種不同的泳式（蛙式、仰式、蝶式和自由式），距離範圍則從一百至四百公尺都有。

儘管欽佩菲爾普斯，但游泳界一致認為他的夢想是無法實現的。兩千年雪梨奧運的三項金牌得主伊恩·索普，就直言不諱地表達了他認定的不可能，而這進一步推動了菲爾普斯的雄心壯志。

菲爾普斯的第一場賽事是四種泳式的四百公尺混合泳。他不僅在比賽中贏得了金牌，還創造了新的世界紀錄。在他的下一場賽事，四人一百公尺的自由式接力賽中，他又輕鬆地贏得了第二枚金牌，並在過程中創造了另一項世界紀錄。然後是兩百公尺自由式，以及另一枚金牌和新的世界紀錄。菲爾普斯似乎正在重寫整個比賽的歷史紀錄。

他的下一場比賽是泳界及他的粉絲們一直在等待的賽事。這是菲爾普斯的註冊商標——兩百公尺蝶式。比賽開始了，菲爾普斯進入水中，但他的蛙鏡鬆開了，很快就進滿了水。當他越過二十五公尺的標記時，他什麼都看不見了，他就是在盲游。對其他游泳者來說，這就意味著他們的比賽已經結束了。但對菲爾普斯而言，卻不是如此。

在他的職業生涯中，他早就利用意象的訓練，為這種情境做好了準備。在他腦中，他早就發生過這樣的事了，也確切知道他該做什麼。在接下來的一百七十五公尺中，在游泳運動中最耗體力、最累人的賽事裡，菲爾普斯依靠的不是視力，而是依靠自己滑水的次數。菲爾普斯很清楚，為了達到他想要的時間紀錄，他在第一段、第二段、第三段和第四段距離中進行了多少次滑水。這是運動史上最引人注目的成績之一，菲爾普斯贏得了金牌，並且又打破了世界紀錄！克服這個看似不可逾越的挑戰所帶來的自信，讓菲爾普斯在不到三十分鐘後，繼續打破了另一項紀錄，在四人兩百公尺的自由式接力中贏得了金牌。

在六枚金牌和六項世界紀錄之後，麥可面臨了奧運的第二大挑戰——一百公尺蝶式專家米洛拉德・查維奇。菲爾普斯在比賽開始時表現不佳，在五十公尺轉彎處只落在第七名。但是不知為何，他卻能在接下來的五十公尺比賽中以最小的優勢贏得了比賽——零點零一秒。他與馬克・史匹茲的記錄相當，讓批判的聲音都安靜了下來。

在他的最後一場比賽，四人一百公尺的混合式中，菲爾普斯和他的美國隊隊友布蘭登・漢森、亞倫・皮爾索和傑森・萊札克一起打破了世界紀錄，使菲爾普斯獲得了第八枚金牌和第七個奧運紀錄，這樣的成就，在運動界或許再也不可能發生了。

另一個代表性的運動員麥可・喬丹，也是心理意象的大力支持者，並在他驚人的職業生涯中不斷使用這個技巧。根據喬丹的說法：「我一直努力訓練自己的大腦，想像籃球穿過籃框的模樣。最後，我的想像和現實之間就再也沒有分別了。」

利用這種強大的後設認知技能的頂級運動員，還有無限多個。

毫無疑問，心理意象在經過刻意而定期練習與策略性的使用後，便可以激勵我們克服擾亂生活的挫折、限制和障礙。此外，意象也會使我們更有自信，甚至能幫助我們產生以成功為導向的心態。

我們大多數人，在遇到逆境時就已經使用了心理意象，但我們是傾向創造一系列負面的場景，而不是創造我們想要的未來願景或場景。在充滿高度警戒的世界裡，我們實在太容易把周圍的環境災難化了。當事業成長緩慢時，我們就開始想像自己無法負擔生活費。當我們在家裡發生衝突時，我們就開始想像經歷幾個月的婚姻諮商，甚至有可能想像起離婚。當然，在新冠肺炎大流行時，最常見的情況就是喉嚨痛或胸口緊繃。只要喉嚨或胸口有一點不舒服或病症，我們就會立刻想像出新冠肺炎、隔離和一群身著全套防護裝備的醫療團隊。

這其中的教訓非常簡單——在我們經歷挑戰、變化、不確定性、艱難困苦和挫折時，我們都可以好好利用奧運冠軍和菁英運動員們使用的技能和習慣。其中一種心理策略，是要我們做出有意識的決定，去想像我們想要的未來，而不是我們所害怕的未來。重要的是，我們要提醒自己，心理意象是一種技能。一開始可能會很困難，充滿挑戰性，但我們練習得越多，重複的次數越多，我們就會變得越擅長。

■控制你的壓力反應

無論逆境的強度、頻率或持續時間如何，都會喚醒壓力軸。奧運冠軍和我們所有人一樣，不斷經歷著壓倒性的壓力，也因此影響到他們身心的各個層面。他們與其他人的不同之處在於，他們能夠出色地控制自己的壓力軸（以及相關的生物反應）。在討論韌性和實現最充分的潛力時，這項技能是最重要的。

我們都知道慢性壓力的破壞力，但人們不太了解的是，有很多障礙會阻止我們適當地調節壓力，進而對我們的生活帶來許多影響。正如我在本書的第一部分中提到的，這包括了童年時期的身體或情感虐待、創傷、忽視、不確定性或持續生活在恐懼的狀態中。

這些經歷可能會讓我們產生不成比例的壓力反應（特別是在身體虐待和創傷的情況下）、對壓力的反應性增加（在持續的威脅狀態下成長時）或無法調節壓力反應（主要是來自於忽視和情感虐待）。令人難過的是，許多人在童年時期，都經歷著這些逆境。與此同時，我們的基因，特別是與FKBP5（與無法正確關閉壓力反應有關）、CRHR1（與我們面對壓力時的生理反應的嚴重性有關）和許多與血清素相關的基因，都有可能進一步放大壓力反應，和（或）導致在壓力經驗後完全無法調節壓力反應。

在奧運選手身上看到的，最強大的後設認知技能之一，就是他們能夠快速辨識他們的壓力軸和皮質醇在什麼時候持續提升，或是突然升高到壓垮了他們的內在適應機制。更重要的是，一旦他們辨識出了這個狀態（透過追蹤裝置測量睡眠、心律變異度和靜止心率或主觀體驗），他們就能夠有意識地關閉壓力軸，並在造成健康（精神和身體都是）、適應力和表現的負面影響之前，將自己的生物狀態穩定下來。

麥可・菲爾普斯、克里斯蒂亞諾・羅納爾多和諾瓦克・喬科維奇，都認為減壓的技巧幫助他們達到了不可思議的事業高峰與職業生涯。

對壓力軸的調節和控制，可以透過許多不同的途徑來達成，包括社會緩衝、大量利用社會支持和聯絡，冥想或選擇可以大量釋放催產素的行為（例如，服用維生素C、L－蘇糖酸鎂和槲皮素、有氧運動、音樂療法），這可以直接抑制壓力反應。但是當談到壓力軸的掌握時——憑意志力關閉壓力的能力——所有的路徑最終都會回歸到某種形式的呼吸控制，無論是作為獨立練習還是作為冥想、瑜伽甚至游泳練習的一部分。

呼吸，連同心率和其他重要功能，由大腦的一個小區域（腦幹）支配。儘管腦幹只佔大腦總重量的百分之二點六，但它不僅控制著最基本維持生命的功能，也是許多影響力強大的神經起源點，包括壓力、心肺、荷爾蒙和免疫行為的主要調節者——迷走神經[168]。

腦幹不只是決定吸氣與吐氣的速率而已；它還會影響我們需要的呼吸類型。規律的呼吸、嘆息、打哈欠、噴嚏、咳嗽、笑聲和哭泣都有自己獨特的特徵，並對我們的健康產生影響。我們呼吸的速度和類型，會持續與我們身邊的環境、生理狀態、心理經驗和對資訊的理解作出對應。

為了要確定我們需要進行哪種呼吸，腦幹會從它內部常駐的化學接收器（極度專門的感受器）收集資訊，以辨識周圍液體中氧氣（O_2）、二氧化碳（CO_2）和pH值（酸度的定量測量）此刻的水準。它也會從位於心臟和頸前動脈的遠端感測器、以及位於肺部的超敏感壓力接受器接收資訊。這是非常驚人的資訊處理能力和反應能力。

腦幹驅動最重要的、下意識維持生命的反射之一，是所謂的生理嘆息。嘆息是一種非自願的深呼吸，正常地開始，但在呼氣之前，身體會再大吸一口氣，然後在呼氣前短暫地停頓一下。換句話說，你是雙倍吸氣、停頓，然後才吐氣。嘆息會使呼吸量增加百分之兩百至五百，每五分鐘左右就會發生一次，而且是無意識的[169]。

> 嘆息包含了兩次分開的呼吸，然後是一個長長的吐氣。

科學家已經確定，嘆息的主要目的是重新填滿肺部五億個微小、細膩、類似氣球的氣囊，稱之為肺泡。肺泡是氧氣進入和二氧化碳離開血液的地方。在正常的呼吸過程中，微小的氣囊往往會在幾分鐘內自動塌陷，使肺耐力上升、肺順應性下降，二氧化碳也有可能會累積。

現在，你可能在想，這種對生理學的深入研究，與韌性、效能、壓力和管理過度反應的狀態有什麼關係。答案在於二氧化碳。

研究顯示，二氧化碳的堆積會引發壓力反應，並導致皮質醇水準升高[170]。這樣的影響非常明顯，所以我們單次呼吸時吸入的空氣含有百分之三十五的二氧化碳，已經成為一種越來越受歡迎的醫學評估標準，用來判斷人們是不是更容易受到現在和未來與壓力相關疾病的威脅。研究表明，患有社會恐懼症、一般的焦慮症，或容易得到創傷症候群的潛在恐慌症患者，都會對測試表現出更大的反應[171]。

現在我們理解了二氧化碳在壓力軸啟動或增強中的作用，我們就可以理解生理嘆息有多重要，又和我們有何關聯。不可思議的是，透過有意識的嘆息，我們便可以刻意降低二氧化碳的濃度，並瞬間減少壓力。

這個簡單的技巧，可以幫助你在危急而挑戰的條件下，保持最佳的喚醒和情緒穩定水準。無論你是在某場熱烈的會議上、向過於挑剔的觀眾做報告，在激烈的比賽中打球，或者最艱難的挑戰——當你建議你的三歲小孩脫下他過去七天一直穿著的超級英雄戲服，而你的小孩直接崩潰的時候。這個簡單的呼吸順序可以帶來最重要的瞬間鎮靜。

對焦慮症患者進行的幾項研究顯示，這種古老的嘆息反射行為，還有一些令人驚訝的發現，包括改善神經系統內的平衡，立即緩解肌肉緊繃，以及整體的舒緩[172]。

雖然嘆息為我們眼前面臨的挑戰，提供了一個大概耗時五分鐘的短期實用解決方案，但說到壓力軸調節和韌時，最重要的，無疑是緩慢呼吸的技巧。緩慢呼吸的技巧包括每分鐘不要呼吸超過十次，這比正常靜止時的呼吸（每分鐘十二至十八次呼吸）少得多，也絕對少於活動期間的呼吸次數（每分鐘四十至六十次呼吸）。

斯特凡諾斯．西西帕斯（Stefanos Tsitsipas）是近年來最令人興奮的網球運動員之一，也是這項運動歷史上最好的正手攻擊選手之一。二十三歲時，他已經排在世界第三名，曾經擊敗納達爾、喬科維奇和費德勒等人。雖然他的正手攻擊是一個強大武器，但根據他的說法，他的祕密武器（現在已經不再是祕密了）就是擁有很好的呼吸控制！

在奪冠後，西西帕斯談到了呼吸，以及這對他日益成長的成功所帶來的影響。「我發現呼吸非常重要。在過去的幾個月裡，我一直在和我的心理治療師一起學習呼吸。特別是當我在表演或比賽時，呼吸可以幫助我控制自己，並完全掌握我在球場上做的事。當你好好呼吸的時候，我覺得你的比賽狀態才能夠達到巔峰。」

為了從慢速呼吸技術中獲得最大的身體和情緒優勢，我們便需要將呼吸頻率降低到每分鐘五至六次呼吸（每次呼吸十到十二秒）。這種緩慢的呼吸速度，與迷走神經的顯著啟動和強化有關。

二〇一八年的一項文獻分析的標題，讀起來更像是一句宣言：「呼吸控制會改變你的生活：關於緩慢呼吸的心理生理相關表現之系統性回顧。」這份分析顯示，持續一段時間（也就是幾分鐘）、每分鐘五到六次的呼吸，可以減少焦慮、恐懼和憤怒，以及讓人更放鬆、並產生更正面的心態[173]。這種情緒影響是幾個因素的結果，包括腦波模式的明顯改變，使腦波進入 α 狀態，讓大腦的警覺性變得較為平和與寧靜。呼吸所帶來的情緒調節，另一個促成因素，則是預設模式網路（DMN）的啟動會增加，這能幫助我們更有想像力、創意和認知。最後，研究還顯示，緩慢呼吸的技巧會使身體向大腦的韌性中樞（包括前額葉皮層）提供更多的含氧血液。

呼吸技巧對身體帶來的效果同樣驚人，而且依然與正向的情緒和心理轉變有關。透過刺激迷走神經，並提升它對副交感神經系統（放鬆我們身體的神經網路）的影響強度，我們的身體變更容易恢復和再生，也更能放鬆、達到最佳的免疫和荷爾蒙表現，以及達成整體生物平衡。

衡量迷走神經是否完整的主要標準是心律變異度。心律變異度對韌性和適應力有著深遠的影響，它是以毫秒為單位，測量連續心跳之間時間間隔變化的生理現象。雖然這似乎有點反直覺，但是健康、無壓力的心臟，並不會像節拍器那樣跳動。相反地，心跳之間的時間會有穩定的變化。這種變化告訴我們，我們的神經系統能夠以最佳的方式調整和適應我們生物狀態內的改變。

請想像你正坐在家裡的一張舒適的椅子上看書。沉浸在書本之中時，你的心臟是以每分鐘六十次的速度跳動。以每分鐘六十次的速度而言，你的心臟是以每秒一次的速度收縮。但是只有在有壓力、疲勞或健康狀況受損的情況下，你的心臟才會以這種可預測的方式跳動。事實上，當你坐著看書時，真實發生的狀況是，你的心跳間距有長有短，而這是基於細緻的內部回饋、你的直接心理狀態、環境條件，當然還有迷走神經的完整性和力量所發生的。這整個過程可以視為一種超級靈敏的生物校準器。從生理上來說，你越能調整，你的心律變異度就會越高，你在逆境中也會適應得越好。

學界認為，心律變異度是個人身體狀況、整體健康、對壓力的反應、和從壓力中恢復的主要指標。此外，比較高的心律變異度與特殊的壓力調節、身體健康、認知改善有關，面對疾病的整體風險也較低[174]。除了它對心理和身體健康的好處之外，從韌性的角度來看，心律變異度最有價值的是，它很容易用健康與健身追蹤器材（如戒指、手腕或胸帶）來測量。

下一小結的表格提供了簡單實用的工具，可以幫助我們更好控制和調節壓力反應。

請記住，這些活動的任何一項、或者組合起來，都會促進心血管健康、減少炎症、加強身心健康、提高認知表現和創意[175]。我會建議根據你當前的健康狀況、時間可行性、服務提供者和（或）裝置的取得容易性來交替使用。

以本身而言，認知重構（將壓力視為成長、發展和掌握的機會）和後設認知（使用目標設定、意象、自我對話和壓力反應調節）的結合，就為韌性提出了一個優秀的框架，但還不只這樣。

弗萊徹和薩卡對奧運冠軍小組所做出的代表性研究也發現，這些運動員還有能力利用和增強一系列額外的心理特徵和因素，來對抗逆境與挑戰。他們的主要特徵都是正向的性格、動機、信心、專注力，以及善用社會支援。接下來的章節，我們來看看這些心理特徵，以及我們要如何有效地將它們運用在自己的生活和挑戰中。

■ 章節小結

- 後設認知是一種非常強大的韌性特質。後設認知是理解和控制自己思想的能力，依賴的是自我意識和自我掌握。
- 這種韌性的技巧包括正向的自我對話、目標設定、使用心理意象以及有意識和刻意操縱喚醒水準。

- 致力於目標設定、追求和實現會提升韌性。
- 心理意象是一種流行且公認有效的運動心理學策略，可以用來提升表現、增強適應機制，並從失敗、失望和挫折中恢復過來。
- 透過控制我們的壓力反應，我們更可以控制我們的情緒狀態和整體心理健康。
- 就像奧運冠軍一樣，我們需要更順利地辨識過度喚醒和（或）壓力軸功能障礙的狀態，然後有意識地調節自己。有了這種自我意識後，我們便能夠迅速減輕長期壓力和緊張所帶來的負面影響。
- 呼吸控制是管理壓力和難以承受的感受最有效的方法之一。
- 生理嘆息是最重要的生命維持反射行為之一。嘆息的主要目的是保持肺部功能和完整性，並清除身體多餘的二氧化碳（一種已知的壓力觸發因子）。
- 嘆息不僅可以去除我們體內多餘的二氧化碳，還可以改善神經系統的平衡，減少肌肉緊繃感，並促進情緒排解。
- 緩慢呼吸的技術（每分鐘不到十次的呼吸）是對迷走神經的強烈刺激。
- 在一段時間裡進行每分鐘五至六次呼吸，可以減少焦慮、恐懼和憤怒，使身體更放鬆，並帶來正向的心態。

■ 認知重構和後設認知（自我對話、心理意象、壓力調節和目標設定）的結合，為韌性的促進和發展提供了一個優秀的框架。

活動	如何減少壓力／喚醒	方法	建議運用	重複次數／或持續時間	最佳做法和環境
生理吐息	二氧化碳水準的快速減少	兩次吸氣、暫停、呼氣（第二次吸氣比第一次更大）	在立即過度喚醒／壓力期間	2-3次	在狀況發生的環境裡（在你的辦公桌上、法庭上、演講前等）。
緩慢、受控的呼吸	啟動和加強迷走神經，增加大腦執行區域的活動，α腦波狀態，增加DMN的啟動	吸氣：四秒 呼氣：六秒 吸氣：五點五秒 呼氣：五點五秒 吸氣：六秒 呼氣：六秒	每日練習，特別是在壓力更緊張和（或）感覺失調的時候	2-15分鐘	找一個不會被打斷的安靜地方。你可以坐著，也可以躺下。將你的呼吸速度降低到渴望的速度。一定要用鼻子吸氣，用嘴呼氣。深度吸入應該會使肋骨擴張，腹部隆起。
冥想	啟動和加強迷走神經，增加大腦執行區域的招募和活動，減少大腦壓力和恐懼處理區域的活動	專注路線 開放監控 正念、壓力減少路線 慈愛路線	日常練習，特別是在壓力更大和（或）感覺失調的時候	12-60分鐘	找一個安靜的空間，你可以坐下或躺下。如果你缺乏冥想的經驗或訓練，找一個訓練師，或下載許多可用的APP可能會有幫助。
心靈／身體練習	啟動和加強迷走神經	瑜伽 太極 氣功	每週幾次，或是時間和預算允許的次數	10-60分鐘	適當的技巧和注重呼吸是最重要的，適當的指導也很重要。
游泳或水下活動	由潛水反射所激發的迷走神經啟動	所有可以短期淹沒頭部的泳姿	在感到壓力特別難以承受的日子裡特別有效	15-45分鐘	除非你有訓練或經驗，否則請尋求指導／輔導以協助你的呼吸（和游泳）技巧。

冠軍技能三：正向人格

當人們看到你展現出的個性時，他們會覺得很好，就像他們真的瞭解你是怎樣的人一樣。

——尤塞恩．博爾特（Usain Bolt）

就像面對逆境時天生有韌性的人一樣，奧運冠軍也表現出各式各樣的正向人格特質，包括外向、對新體驗的開放心態、有責任感、樂觀、有彈性的完美主義和積極主動。並不是所有冠軍都擁有所有的特質，在每個人所擁有的特質中也會有屬於自己的優點和弱點。如果我們希望能成功地將學習到的訣竅運用到生活當中，最好的開始，就是先從我們感到最自在、最容易取得的特質上。然後，再慢慢地、一步一步地敞開心扉，去探索和發展那些我們過去一直逃避的特質。

不要害怕從你的保護殼中掙脫出來。

■體育界的大娛樂家

沒有運動員比傳奇還要更傳奇的短跑健將尤塞恩・博爾特，更懂得怎麼樣讓觀眾驚嘆了。他超人般的成就與他歡快的人格特質有著密切關係。博爾特熱愛與粉絲合照，喜歡在電視訪談中唱歌或跳舞，也喜歡和長官們擊拳，更喜歡做出一些幽默的小動作，使場邊和世界各地的觀眾大笑鼓掌。

在運動表現上，博爾特目前是一百公尺短跑（九點五八秒）、兩百公尺短跑（十九點一九秒）以及四人一百公尺接力（三十七點一零秒）的世界紀錄保持人。他也達成了不可思議的成就，連續三屆奧運在一百公尺與兩百公尺賽事中贏得金牌（二〇〇八年北京奧運、二〇一二年倫敦奧運、以及二〇一六年里約奧運）。博爾特的短跑表現領先全世界，當路易斯和克拉克學院的理論天體物理學家伊桑・西格爾繪製了一張圖表，檢視過去一百年間，一百公尺世界紀錄的增量進展時，他發現在衝過一百公尺和兩百公尺終點線時的速度，博爾特的表現水準大約超過了現代人類預期能力的三十年。以數學的角度來說，博爾特應該屬於二〇四〇年或者更久之後的奧運水準。

博爾特外向的人格特質可能誤使我們相信，他成為明星的這趟旅成毫不費力、只是天才般的遺傳和完美教育下所誕生的產物。但事實並非如此。事實是，博爾特患有嚴重的脊椎側彎。脊椎側彎是脊椎往橫向彎曲，會帶來劇烈的背痛、痙攣、炎症、活動範圍受限和骨盆問題，而且會對行走與跑步帶來負面影響。

博爾特的脊椎側彎非常嚴重（曲度超過四十度），導致他的右腿比左腿短了整整一點一公分。因此，博爾特的短跑技巧非常不對稱，使他的右側身體產生了更高的負擔。這是否讓博爾特在速度和表現上具有某種優勢，目前仍然不清楚（而且真的不太可能），但可以肯定的是，這種缺陷極容易帶來運動傷害，特別是在下肢（大腿後肌和小腿）和背部。所以博爾特的職業生涯一直反覆出現傷病，這樣也就一點都不奇怪了。這對他的代言、收入潛力和職業生涯帶來了從不間斷的壓力。從二〇〇四年，他成為職業選手的那一年開始，這一點就立刻顯現出來了。

在他的第一屆奧運上，博爾特在第一輪比賽中，就因大腿後肌受傷而被淘汰。作為一名職業運動員，這是一個令人失望和沮喪的開始。到了二〇一七年，在倫敦世界錦標賽上，博爾特職業生涯的最後一場比賽中，博爾特又摔倒在賽道上，在四人一百公尺接力賽中痛苦地抓著他的大腿。但是儘管有挫折、有許多失望，錯失了許多機會和反覆不斷失敗——在最重要的時刻，當風險來到最高等級的時候，他所承受的壓力也是前所未見——他依然能夠釋放出超人般的表現。

博爾特是個典型的外向人格，而在許多方面，這就是他的韌性超能力。在大批期待的人群、明亮的燈光、攝影機、瘋狂的媒體，當然還有激烈和好鬥的對手面前發揮表現，這一切都在激勵著他。也許很多人會在壓力下崩潰，但對他來說，壓力和緊張就像是純氧——他的生命動力。他在奧運上的競爭優勢，就是這個場合本身。

博爾特的故事強調了外向、樂觀和正向心態的巨大價值，可以克服生活中的許多障礙。然而，對許多人來說，包括我自己，外向並不是一種與生俱來的性格，也不是一種舒適的經歷。

多年來，科學家們提出了幾種理論，說明為什麼有些人比其他人更加外向。有些研究表明，較內向的個性，可能是因為大腦執行區域的喚醒水準較高，使任何額外的刺激（所有類別）都產生壓倒性的力量和不安[176]。從某種意義上來說，內向人格的人可能會迴避人群和嘈雜的活動，好以防止過度喚醒的體驗。

另一個得到充分研究支持的模型也顯示，外向型人格對多巴胺的敏感性和反應性較高，可能會使他們更喜歡進行增加這種神經化學物質的行為或活動[177]。

最後，也有人認為，每個個體的神經化學物質所帶來的親和力不同，外向者比較容易受多巴胺活性所驅動，而內向者會偏愛乙醯膽鹼，而乙醯膽鹼與多巴胺一樣，也支援記憶力、注意力和認知，不過在在大腦中具有額外的平衡作用[178]。

儘管關於外向人格，我們仍然有很多東西需要學習，但我們需要知道的是，雖然基因確實佔了我們較主要的人格特質的百分之四十至六十，但我們成長、後來又為自己創造的環境，也同樣具有影響力，在某些情況下，甚至比基因的影響力更大[179]。換句話說，我們有能力選擇自己想要成為誰、成為什麼，包括更外向和更懂得表達。這也許代表我們在生活中需要用到舒緩的技巧（呼吸和冥想）和短暫的暫停時間，但如果我們想要或需要，我們都可以打破自己所強加的外殼，因為生活需要我們這麼做。

在我童年和剛成年時，我很害怕在人們面前說話。我的恐懼非常強烈，只要有兩個人以上，我就會覺得他們是一個團體。當我對聽眾說話時，我會渾身顫抖，說出來的話斷斷續續，整個人不知所措。隨著時間的流逝，我在職業生涯中扮演過許多不同的角色，對聽眾說話成為了我工作的核心與期望。在最初的幾年（甚至幾十年）裡，這種體驗依然會讓我感到難以承受，我在活動發生前的晚上會睡不著覺。幸運的是，我總是很喜歡我的演說內容，只要我克服了最初的緊張感（這可能要花上三十分鐘、或者更長的時間），我就會穩定下來。但今天，公開演講已經成為我的主要工作。我喜歡這個工作，我在壓力下茁壯成長，我享受大量的聽眾、燈光、噪音、注意力和能量。我一天之中依然需要一點時間來緩解壓力，如果可以的話，我也會小睡十到十五分鐘，但我的職業環境已經把我變成了「我敢這麼說」的一個外向的人。

我們必須要一直記得，想加強任何個性特質，包括外向的程度，都需要投入學習、努力和時間。為了讓韌性的旅程變得更容易，利用你比較與生俱來的正向人格特徵（例如外向、對新體驗的開放態度、責任感、樂觀、有彈性的完美主義和主動性）會比較容易。

當我們談到個人成長與發展時，解決我們原有的弱點和限制是很重要，但進一步發展和強化我們現有的優勢也同樣重要。

■對新體驗保持開放態度

新冠肺炎的疫情，為人們帶來了各種各樣的經驗與回應。對大多數的人來說，這是一個等待期，等著事情恢復到「正常」的狀態。世界各地有數百萬人在抵制這種變化，並堅持保留著自己對人際關係、工作、嗜好和政治等層次的原有價值觀。對許多人來說，這是一個令人沮喪和痛苦的時期，因為經過這麼長一段時間，它已經變成了一種拖磨的生活模式。不前進、不跟著環境成長和進化，使人們生活中的快樂、幸福、成就感和目標逐漸減少。

相較之下，有些人則願意接受這樣的改變，成為新的現實，認清過去已經是過去了，並接受未來可能帶來的可能性——儘管還是需要面對短期的負擔、限制和挑戰。他們利用這段時間來提升自己的技能，學習、發展他們的創意，健身、享受與家人在一起的額外時光，並為未知的未來做好準備。儘管這其中有恐懼和不確定性，但他們還是有希望。正是這種對新的現實和可能性的開放態度，推動了他們的韌性，並降低了他們面對逆境時受影響的程度。

開放的態度是一種複雜的人類特質，有許多層次，也不該和隨和與包容混淆在一起。事實上，開放的態度會帶來想像力、感受、想法、價值觀和美學，以及智慧、資源、競爭力、內省和反思的能力[180]。同時，它也需要你有智慧的好奇心、興趣、感知的智慧、豐富的情感和跳脫傳統的能力。

研究顯示，開放態度是所有創意（以不那麼線性、更有彈性的方式思考的能力）背後的強大驅動力，它甚至是創意潛力的衡量標準[181]。事實上，在所有的正向人格特徵（外向性、開放性、責任感、樂觀、有彈性的完美主義和正向性）中，開放心態是唯一與創意有直接關聯的一項。二〇一六年的一項研究發現，開放態度不僅與創意成就有關，而且可以非常準確地預測個人的創意成就[182]。開放態度和創意（特別是發散的思考）與韌性之間的關聯非常強烈，而研究者認為，它甚至可能是一種可以預測的衡量標準。換句話說，如果你有創意、又有開放的心態，你就有韌性。

開放的心態需要你有好奇心、富有想像力、有競爭力、有資源、反思能力，並有勇氣不守常規。

這確實有點道理，因為開放態度和創意在逆境中為我們提供了非常特別的東西。創意不僅幫助我們在面對壓力、挑戰和不確定性時，可以產生正面的解決方案並採取行動，還使我們根據處境保持樂觀和現實、邏輯清晰和天真，以及保持內向或外向。下一頁的快速自我評估表，可以讓你知道你目前的開放程度。

無論你在這次評估中的得分落在哪裡，開放性和創意都是可以發展的。研究顯示，基因對於開放心態的遺傳貢獻，只有百分之二十一。

開放的方向	是的，非常（3分）	有時候（2分）	很少（1分）
我可以看到在特定情況下對其他人來說並不是那麼顯而易見的可能性			
我試圖理解事件背後的更深層次的含義和／或概念			
瞭解事物如何運作的機制對我來說很重要			
我的生活中需要某種創意的出口			
我的想像力有時可以非常活躍			
我喜歡探索新的地方、文化和環境			
我高度重視美學和藝術性			
我更喜歡討論複雜的理論和深刻的概念，而不是閒聊			

得分

對新體驗非常開放：16至24分
在開放的光譜中間：8至16分
開放性偏低（目前）：0至8分

■提升開放心態和創意

許多人認為創意不需要付出有意識的努力，而且是自動發生的，但是事實正好相反。二〇〇八年，阿姆斯特丹大學的荷蘭研究者進行了一項研究，他們指出，創意和開放心態是受到兩個非常獨特和自主選擇的心理過程的直接影響[183]。

- 認知的靈活性（可以切換到不同的方法或考慮不同視角的能力）
- 認知的堅持性（可以在挑戰或特定情況下，持續並集中努力的能力）

這個結論意味著，為了讓我們更有創意、對新的現實更加開放，我們需要足夠靈活，在興趣、方法、念頭、概念和經驗之間切換。與此同時，我們也需要做好準備，用有系統、注重過程和努力的方式，來找出具有創意的解決方案。

認知的靈活性和堅持度，都直接受到我們對壓力和眼前情緒狀態感知的影響。荷蘭研究者們也發表了一份文獻回顧，檢視了二十五年來在創意領域的研究。研究顯示，興奮、快樂和幸福等正向的情緒狀態越活躍，會明顯增強創意，提升開放的體驗[184]。與此同時，回顧也發現，慢性壓力、憂鬱、焦慮、擔心、煩躁和悲傷，對創意也有不利的影響。這個結論挑戰了人們普遍的看法，因為我們通常會認為，當我們處在掙扎之中時，才會產生原創、靈活的認知，以及流暢的思緒，就像我們總認為藝術家是經過掙扎才能創作的。

*

關於創意，還有另一個重要的主題，是焦慮（普通的焦慮、社交恐懼症、強迫症、恐慌症或創傷症候群）與開放心態之間的關係[185]。這之間的關聯之所以重要，是因為焦慮是全球最常見的疾病負擔之一。此外，自新冠肺炎爆發以來，全球因焦慮而引起的障礙症激增了百分之二十五點六[186]。

在針對五十九項研究的分析中，他們發現，焦慮與創意表現有著顯著的負面影響[187]。換句話說，如果你正以某種方式、狀態或模式經歷著焦慮，解決問題和找到創意解決方案的過程，就會變得極其困難。

這帶出了一個問題——一個人要如何在一個充滿壓力和不確定的世界上，變得更加「開放」？為了成功應對逆境和變化，我們就需要開放心態與創意，但是在長期壓力、擔憂和焦慮之下，這種關鍵的韌性特質受到損害，因此這似乎有些矛盾。

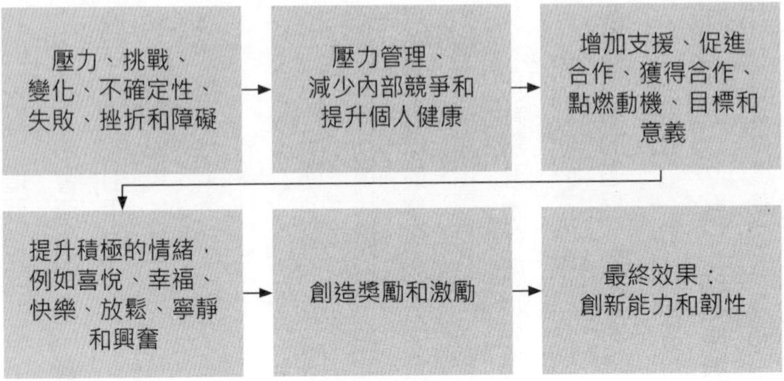

優化創意與創新能力

二〇一三年，新加坡管理大學的研究團隊發表了一項研究，這份研究就能夠闡明這個明顯的悖論[188]。這份研究明確地指出、並展現了一種舞蹈——一種動態的互動——在消極和正面的情緒狀態之間，最能帶來開放的心態和創意的過程。這個模型顯示，我們剛經歷壓力、逆境、挫折或失敗時，創意便會顯著增加。然後，在充滿挑戰性的事件之後，我們便進入了一個正面的環境，可以將恐懼轉化為熱情、興奮、快樂和喜悅。

最初的挑戰之所以有優勢，是因為它能夠縮限你的注意力，讓人們意識到現有的問題，並向我們發出需要投入努力的訊號。與此同時，壓力事件也可以成為新想法的孵化器，而當我們置身於一個充滿支持和鼓勵的環境中時，這些全新的想法就會跟著出現。這其中的簡單道理是，逆境可以成為創新和創意的極佳催化劑，但前提是你要能快速且成功地即時創造出一個積極和減少壓力的環境。

雖然這些層面超出了本書的範圍，但我還是必須提到，其他幾個重要的創意驅動力包括合作（而不是競爭）[189]和獎勵，而它們可以、也應該用來將我們自己和他人的潛力，帶入個人的人生中。

■創意的神經生物學驅動因素

就像許多韌性的特質一樣，開放的心態主要由大腦的執行區域（特別是前額葉皮層）[190]、預設模式網路（DMN）以及幾種神經化學物質所驅動，例如多巴胺、去甲基腎上腺素和血清素[191]。雖然開放心態受到幾種神經化學的影響，但多巴胺似乎是這方面最大的驅動力。神經科學家已經確定了兩條明確的多巴胺途徑，能夠提升開放性、創意和創新的潛力。

第一種途徑被稱為中皮質途徑，它會支持和促進大腦執行區域內的多巴胺活動。這會增強工作記憶，幫助你有意識地轉移思想，並篩選無關緊要的感知影響。第二條路徑則被稱為黑紋狀體途徑，在稱為紋狀體的大腦區域內，它會支持和增加多巴胺的活性。紋狀體多巴胺會增強創意、情緒、感情和動力。這兩種多巴胺傳播的途徑，可以幫助我們在追求創意時更有靈活性和堅持力。如果沒有至少中等水準的多巴胺，創意和開放心態就不可能存在[192]。

多巴胺——它是天生的，還是培養的？

遺傳對韌性有著深遠的影響。但是，如果談到多巴胺能系統（dopaminergic system），雖然遺傳學確實會影響多巴胺的合成、運輸和記憶（特別是DAT基因）、神經細胞內的吸收和訊號傳遞（最明顯的是DRD4和DRD2基因）或整體新陳代謝和分解，也可能使個體更容易對環境產生弱點，但我們應該注意的是，就算有基因遺傳，它們的影響也可以縮到最小、失去效果、或是轉化為正向的力量，端看我們選擇為自己創造怎樣的環境。

多巴胺系統可以進一步分為持續循環的基礎水準（補位）和在非常特定活動（例如滑社群軟體時）期間所出現的高峰（相位）。要提升韌性，我們的目標應該是要提升基礎水準，而不是透過藥物（除非有醫生指示）或其他行為（例如社群軟體、成癮式上網、或賭博等）追求高峰。

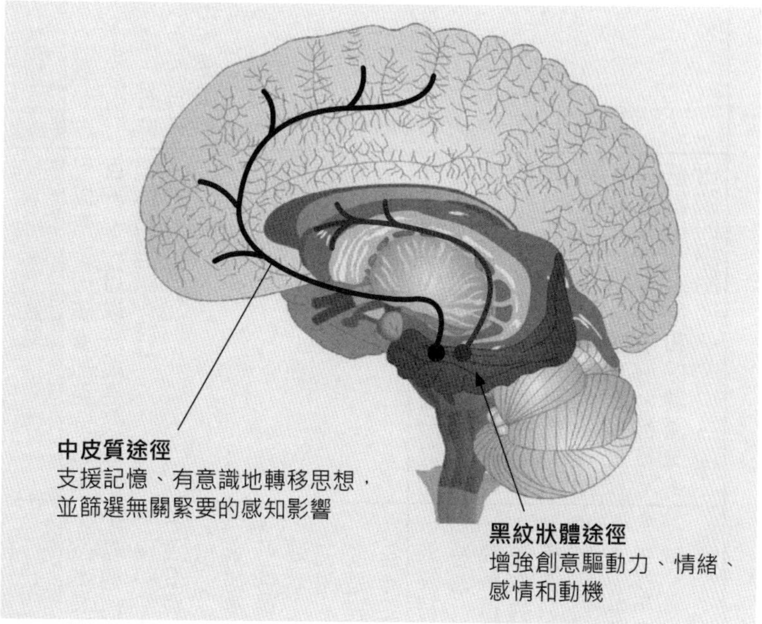

下一頁的圖表點出了幾種更有效、更健康的方法，可以提升多巴胺的基礎分泌水準，改善運輸和再攝取，增強訊號並協助多巴胺的代謝。由於多巴胺是大多數韌性行為的基礎，因此，這些方法都可以在逆境中提供大量的支援。

活動	效果	運用	特殊考慮因素
寒冷沈浸（冷浴、冷水淋浴、冰浸泡、在非常寒冷的日子外出、冷凍療法室）	可以使多巴胺增加百分之兩百五十，可以持續更長的時間（超過三小時）	・冷水浸泡 ・每週總浸泡時間：每週十一分鐘或稍多一點點 ・溫度範圍：攝氏八至十五度（經驗豐富的個可以根據需要稍微減少） ・時間範圍：三至二十分鐘 ・建議：冰浴三分鐘，總共三組（休息二至三分鐘）或是連續九分鐘（攝氏八至十二度）	注意：在嘗試冷療方案之前，請先諮詢你的醫生，因為它會影響血壓、心率和循環。此外，它也會引起嚴重的心臟壓力。
有氧運動	將多巴胺提升高達百分之兩百。這主要是透過增加酶（酪氨酸羥化酶）的表達，並有助於將酪氨酸（一種蛋白質）轉化為多巴胺。運動還能改善多巴胺訊號的傳導（透過受體結合），這代表多巴胺的效果會變得更好。最後，運動也會支持和保護產生多巴胺的細胞。	・最短持續時間：七至二十分鐘 ・最長持續時間：根據體能和你的期望 ・強度：理論上，更高的運動強度（包括 HIIT）會促使更大的反應，因為 BDNF 是產生多巴胺的主角。	更高的有氧體能水準，可以提升基礎多巴胺的分泌，認知能力和韌性也會更好。

音樂	令人愉快的音樂可以使多巴胺增加百分之九或更多，特別是當它讓你產生雞皮疙瘩的時候。此外，令人愉快的音樂會帶來血流的增加和紋狀體的啟動增加，會從感情、情緒和動機的層面推動創意。	在你需要創意思考、毅力和動力的時期，放一些你最喜歡的音樂。	儘量不要將太多提升多巴胺的活動疊加在一起（例如冷療時聽音樂），因為這可能會導致整體效果減少，多巴胺分泌也可能下降。
曬太陽	提升與創意驅動有關的大腦區域的多巴胺訊號傳導（D_2和D_3受體濃度更高）。	・最低照射：每天二至十分鐘 ・理想照射：十至三十分鐘 ・最佳時間：早上起床後的第一件事	注意：通常會建議不要在紫外線輻射最強的高峰時段曬太陽，也就是上午九點至下午三點之間，當紫外線指數高於三時，請塗防曬油。
冥想	冥想可以使多巴胺增加百分之六十五。然而，要提高基礎水準，就需要非常規律地進行冥想。	・最短持續時間：十二至十三分鐘 ・類型：根據你個人的喜好和指導方法 ・頻率：每天或每隔一天	冥想的主要好處是，它與管理開放性和創意的大腦區域的許多活動有關。
按摩、骨科和物理治療	物理治療會使多巴胺增加百分之二十一至四十二。	・時間：十五至三十分鐘 ・頻率：每週兩次或更多次	物理療法的另一個好處是，它能夠減少皮質醇，研究報告顯示，在成年人身上會減少百分之二十三至四十五。

■責任感——不可思議的技巧

責任感是一個重要的韌性因子，也是所有正向的人格影響中最有影響力的因素之一。除了對韌性的影響之外，責任感也是疾病風險的強大預測因子，只是關聯是負向的。換句話說，你越有責任感，你因各種原因罹患疾病和過早死亡的風險就越低[193]。仔細想想有哪些習慣和行為會構成所謂的「責任感」，包括有條理、事前規劃、有效的目標設定和有節制的行為，可以降低疾病風險的結論就沒什麼好驚訝的了。與此同時，它也包括透過自律和自我掌握，努力工作、達成個人成長和成就。此外，責任感會使人更為自己負起責任、更說話算話、更可靠、也有更高的標準。

責任感的行為也有屬於自己的挑戰。達到最極端的時候，它可能會帶來僵化、不懂應變、完美主義和過度成就導向的行為，這樣可能還會減弱你的韌性、並增加逆境帶來的影響。與許多習慣一樣，我們的最終目標，應該要是達到平衡的狀態。

以下的清單，可能可以幫助你把這些部分納入你的生活。我先填好了週一的代辦事項作為示範。

責任感特質	週一	週二	週三	週四	週五	週六	週日
花時間事前規劃	用早上三十分鐘的時間做計畫						
專注於細節	週三的報告需要多看幾次——想法						
為我的日子／專案建立結構	已完成						
專注個人成長的任務	一週三次的游泳課						
今天不要浪費時間	直到下午一點前都不開社群軟體						
做正確的事，尤其是在困難的環境中	我會繼續努力練習這一點						

在職業運動中生活和工作了二十多年的時間裡，我從職業運動員及他們的團隊中學到了很多東西——責任感是最突出、也持續最久的教訓之一。仔細想想，關於責任感，最重要的原則都圍繞著情緒調節（我仍在努力學習）、自律和自我控制。

以下關於責任感的小技巧，是根據我從運動明星及他們的團隊學來的經驗。在你的個人韌性旅程之中，發展下面其中一個或幾個特質，就可以帶來難以估量的幫助：

- 多做準備並事前計劃
- 更強調精細的細節，以及更整體的規劃
- 在生活中創造和提升更多的結構性
- 致力於自我進步和持續的成長
- 儘量避免拖延和／或浪費時間
- 試著做出正確的事，而不是流行的事

■努力變得更主動

奧運冠軍的行為或行動，並不會被動接受環境的限制。他們會不斷努力，積極主動地探索更好的商業機會、更創新的工具和產品、更進步的訓練方式，以及與世界各地的頂級人士接觸，不斷改變他們目前的表現和環境。

無論環境和挑戰是什麼，奧運冠軍都會完全相信自己有能力超越情境力量的約束，並展開積極的變化。換句話說，他們堅信自己不受環境的限制或約束，而且透過他們有意的行動，他們就有能力塑造自己的世界。

主動性是一種不可忽視的力量。有能力展望未來，以行動為導向，無論挑戰和逆境如何，會為你的生活（和運動）帶來巨大的成功。二〇一八年，一項專注在創意行為、專注力和工作表現的研究發現，與被動的個體相比，積極主動的人格會更具創意，在工作場所的整體表現水準也更好[194]。

為了要更主動，你需要有預料未來的能力（大量的經驗在這方面一定會有所幫助）以及願意做出變化和行動。新冠肺炎疫情所帶來最大的認知之一是，戲劇性而快速的變化，以及持續的不確定感，可能會對你的身心健康帶來破壞性的影響。全世界有數百萬人，在和自二零二零年初以來發生的社會經濟（在某些情況下，也是政治環境）變化搏鬥。

對改變的渴望和對改變的開放心態是主動行為的核心，但是為什麼所有的跡象（例如壓力和心理健康的下滑）都表明，我們是這麼難承受不確定性呢？此外，如果「改變」會對這麼多人帶來如此深刻的痛苦，那麼，我們怎麼可能學習主動的行為，當作一種韌性的技能呢？

這個難題的答案是，因為大多數的人並不是在與變化背後更深層的意義抗爭，而是沒有能力應對變化。當改變強加到我們身上時，它會為我們帶來非常深層的影響。但主動的行為不同之處在於，它的核心是以展開和推動改變。就許多方面來說，在這種情況下，所謂的變化是基於我們的條件所發生的——我們是有控制權的。這是適應和主動採許行動之間的根本差異。適應力是對變化展開的回應，主動則是創造改變的意向。

以下是奧運冠軍可以教給你的三個教訓：

第一課

積極尋找生活中的機會，為你帶來成就感、目標和幸福——不要滿足於安全的環境、自滿或舒適感。

第二課

當機會終於出現時（只要付出足夠的努力，它們最終一定會出現），就要抓住它們，並盡最大的努力，好好利用這趟旅程的各個層面。

第三課

請記得，你想要的未來會需要你的努力與適應。表現出主動性，採取行動，並且堅持下去，才能昇華你的環境和處境，達到最優秀的狀態。

■章節小結

- 奧運冠軍擁有一組廣泛的正向性格特質，可以支持和提升韌性。這些特質包括了外向、開放的心態、責任感、樂觀、有彈性的完美主義和積極主動。
- 外向的人能夠從興奮的情緒、壓力和挑戰中汲取能量。
- 如果我們願意選擇的話，我們都有能力在生活中的某些領域變得外向。
- 開放的心態是一種高度複雜的特質，是將想像力、情感、想法、價值觀和美學，與敏捷、資源、能力、內省和反思結合在一起。
- 開放的心態是衡量創意和成就的主要指標。
- 創意是韌性的預測指標。

- 多巴胺對創意和開放心態的影響最大。
- 我們為自己創造的環境對多巴胺的生產、運輸和訊號傳遞有著深遠的影響。
- 多巴胺可以透過冷療、有氧運動、愉快的音樂、陽光照射、冥想和物理治療來提升與協助。
- 責任感是一個重要的韌性因子，也正好是所有正向人格中最有影響力的一項。
- 責任感包括有條理、事前計劃，以及有效率地設定目標和有節制的行為。它也包括努力工作、專注於個人成長和成就，並透過自律和自我控制來提升表現。此外，責任感會使人更為自己負起責任、更說話算話、更可靠、也有更高的標準。
- 主動性是世界上某些表現最好的人士最重要的特質。
- 適應力是對變化做出的回應；主動性則是創造變化的意向。
- 尋找機會，表現出主動性，並堅持努力下去。當機會終於出現時，不要猶豫，用雙手抓住吧。

冠軍技能四：動機

在二〇二一年的東京奧運上，荷蘭田徑明星西凡．哈桑肩負著一個重責大任。她的任務是在三個田徑競賽中成功獲獎。這在女子田徑比賽的歷史上只發生過兩次，而且是七十幾年前的事。她選擇的賽事包括一千五百公尺、五千公尺和一萬公尺。要參加這三場賽事的決賽，她就需要九天內跑完兩萬四千公尺的跑道。要應付這種身體和精神的負擔，會突破人類運動表現的極限。在一百公尺和兩百公尺的賽事中競爭是一回事，這些賽事分別只需要十一至二十二秒，而且是以無氧依賴能量系統（厭氧）的支持為主，但在部分無氧的一千五百公尺（大約四分鐘）和純粹耐力取向的一萬公尺（大約三十分鐘）競賽中競爭，又是另一回事了。

在她的第一個晚上，哈桑在五千公尺資格賽中得到了勝利。她的狀態似乎非常良好，也有了充分的準備。但是三天後，她的夢想在一千五百公尺的資格賽中幾乎就要終止了。進入最後一圈時，肯亞跑步者艾迪納．傑比特克在哈桑面前絆倒，導致她也跟著摔倒在地。隨著哈桑撲倒在賽道上，一切似乎都毀了——至少在一千五百公尺的賽事裡。

大多數人或許就會接受這樣的失敗，因為這是來自無法控制的外部環境，但哈桑鼓勵自己站起來。她用盡全身力量，爆發性地向前衝刺，她的目光集中在她前方十二名菁英對手上。令人難以置信的是，她不僅追上了，還超越了那十二名參賽者，最終贏得熱身賽。摔倒之後，她在四十三秒內跑完了最後的三百公尺。

儘管贏得了一千五百公尺的資格，但這種全力以赴的努力，對哈桑來說可能是要付上代價的。不到十二小時的時間內，她就根據安排參加了五千公尺的決賽。

摔倒過後產生的腎上腺素讓哈桑感到興奮，她後來都將這次的經歷比喻成喝了二十杯咖啡。就我個人而言，我的極限是每天兩杯，但我相信巨石強森的能量飲料，很快就可以把你帶到那個境界去了！

根據西凡的說法：「我一整天都在發抖，無法讓自己平靜下來。那天晚上，我整個人都累壞了。」

當晚稍後，當她為五千公尺決賽熱身時，哈桑全身痠痛不已（腎上腺素與全身肌肉緊張所帶來的身體發炎），她對自己的懷疑和缺乏信心，突然變得鋪天蓋地。但是一進到賽場，她就再次找到了自己的火花，而且有比以往都更強烈的致勝動機。她在十四分三十六秒內贏得了比賽。不可思議的是，儘管經歷了當天的事件，她還是五千公尺的奧運金牌得主——童年的夢想成真了。

但她還有工作要做。

兩天後，哈桑回到了賽道上，在一千五百公尺的比賽中非常舒適地贏得了半決賽。從各方面來看，她似乎都已經從艱苦和充滿挑戰的一週中完全恢復過來了，對吧？

一千五百公尺決賽的發展，並不像哈桑想的那樣。她過早加速的策略適得其反，而她耗光了自己的儲備能量，最終以三分五十五點八六秒的驚人成績，獲得了銅牌。儘管她很失望，但是參加了兩場賽事後，哈桑已經兩次登上領獎臺了。她的最後一場賽事是一萬公尺，而且預計在不到二十四小時後舉行。

一週的比賽帶來的痛苦也顯現出來了，哈桑的身體和精神都精疲力竭，非常痛苦。此外，一萬公尺的賽事也為哈桑得到金牌的渴望帶來了一大阻礙。這個阻礙，便是目前五千公尺和一萬公尺的世界紀錄保持者，也是哈桑的勁敵——來自衣索比亞的萊特森貝特·吉迪。與哈桑不同，吉迪在參加一萬公尺比賽時，並沒有事先參加過五場比賽。她神清氣爽，而且抱持著主宰比賽的強烈意圖。多年來，女子賽事的競爭變得十分激烈，也在過程中打破了許多世界紀錄。

不出所料，吉迪從一開始就把自己的速度催得很快，整場比賽大多數時間都是領先的狀態，但哈桑想辦法撐了下去。她耐心地等到最後一圈的最後一個轉彎，然後她就採取行動了。在還剩下兩百公尺時，她便大步追到與吉迪並肩的位置，然後繼續前進。哈桑說，她知道自己會贏，但是其他事情都不太有印象了。

「在抵達終點線之前和之後發生的事情是一片模糊。然後，我只想慶祝一下。」她說。「但是等我跑完之後，我就摔倒了。我沒辦法呼吸。」

賽後接受採訪時，記者問哈桑，是什麼激勵了她的最後衝刺，以及她是如何爬起來、贏得一千五百公尺資格賽的？她那天晚上又是怎麼贏得金牌的？對普通人來說，這些壯舉根本是不可能的！

＊

許多人不知道西凡．哈桑的過去。二〇〇零八年，她隻身來到荷蘭，當時她才十幾歲，是一個難民。最初的八個月裡，她住在荷蘭北部的一個未成年難民中心。她孤獨、害怕，人生地不熟，她記得自己每天晚上都是哭著睡著的。然後她和其他女孩搬進一個家裡，而就是在那裡的某一天，她透露了她未來想要成為一名跑步選手的野心。那之後不久，哈桑就被人介紹到獅子田徑俱樂部，並遇到了她的第一位教練。這個教練借給她一雙已經被人穿了十五年的跑鞋，讓她追求自己跑步的夢想。沒過多久，人們就發現了她的天賦，而在哈桑因為寄養計劃而在荷蘭不斷搬家時，她也認識了更多的好教練和訓練師。她總是充滿動力、決心要成為最優秀的那個人，並投入大量努力，最終成為今天的這個明星。

知道她的背景後，許多人會認為，哈桑回應這些事件所產生的動力，是決心永不重溫她過去的痛苦。也許她在賽道上的成功，可以提供保護和緩衝，使她免受未來的傷害、不安全感和經濟壓力。但那些熟悉她痛苦背景的人，一定會很意外，哈桑對那些事件的回應，並不是源自於恐懼、痛苦、拒絕或懲罰。相反地，她的動力是來自於一系列正向的情緒。

「對我來說，最重要的是要跟隨我的心。」她說。「這麼做遠比贏得金牌更重要。這能讓我保持動力，也讓我享受這項美麗的運動。」

西凡喜歡跑步——她對此充滿熱情。跑步為她帶來喜悅、幸福、滿足和內心的平靜。

*

這種喜悅、幸福和成就感，正是弗萊徹和薩卡在奧運冠軍的研究中發現的。不管是個人還是作為一整個群體，他們的動機都強得不可思議，這對他們來說是一個重要的韌性動力。奧運冠軍的動機，是他們對於運動的深層熱情，想要實現他們預定的目標，也對他們選擇的道路所賦予的社會價值擁有認同與自覺。與此同時，他們也有動力，想要在自己選擇的運動和人生中做到最好。

■找到平衡

多年來，動機（充滿活力與持續的目標導向行為）一直是學術界感興趣的話題。雖然運動文獻中已經明確找到了正向動機的價值，但還有其他觀點也值得注意。有許多研究支持這樣一種觀點，如果把焦點放在與追求的目標有關的負面結果，也可以成為一種強大的動力，並會用最高速度推動我們實現目標。

想向你正在對一群潛在投資者做一份高級的簡報，內容是一項令人興奮的新業務。首先，促使你創造這個商業模式的理由，可能是對這個產業的熱情，你想要成為這個領域的佼佼者，你熱愛你的工作，也可以利用這個令人興奮的市場機會。但是如果要讓必要的投資者有信心、並讓他們出錢支持你，在展現你的願景時，每個細節、你的報告本身和執行的方式，就顯得特別重要了。為了實現你的目標（得到充足的資金、成為成功的企業），這份報告／提案，就需要你投入好幾個小時的工作、練習、反覆檢視和詳盡的情境模擬。

這其中的問題是，是什麼東西在推動和刺激你走完這個艱辛但重要的過程？行為科學告訴我們，由於我們不斷認知到沒有做好充分準備的話會帶來什麼後果，例如糟糕的說詞、溝通失敗、整體令人失望的表現與拒絕，這種認真本身就是一股強大的動力，幾乎會使我們的成功機會多翻一倍。

回想一下麥可·菲爾普斯在競爭中面對對手的心理優勢和主導地位，這有很大一部分與他的雙重動機有關。一方面，根據他的熱情和對這項運動的熱愛，他會去想像他想要的比賽結果。同時，他也會角色扮演一下，如果他不為任何的可能性做足準備，他可能要面對的挑戰與後果。

這樣看來，動機的產生、維持和調節，是在廣泛的主題之下的三個子流程，是正面和負面驅動力的完美結合。然而，雖然負面的動機可以幫助你得到預期的結果，但你也必須考慮到持續處於恐懼、壓力和過度警惕的狀態中，會有什麼代價。災難導致壓力反應長期升高，最終將會損害到韌性，更不用說整體的身心健康了。

＊

我的一生中，使用過正向的動機，也使用過負面的動機。我的童年經歷過忽視、虐待、無情而不確定的環境，還有巨大的經濟壓力，我總是提心吊膽，如履薄冰。我沒有可以當作退路的保險，所以無論要付出什麼代價，我都必須努力中獲得成功。這種觀點和生活方式，帶來的結果就是我總是過度警惕，而隨著歲月的流逝，疲憊和緊張感便開始產生代價了。儘管如此，我還是設法實現了某些目標和終身的願望。四十幾歲的時候，我的核心動機變得更加積極，我便經歷了一個相當大的轉變。在對工作的熱情與熱愛的驅使下，我努力在我所選擇的道路上做到最好，並在工作中投入重要的意義和目標，用它取代了對失敗的恐懼和焦慮。

從那時起，這個動機的轉變，幫助我在我追求的一切目標上更有動力了。我也發現自己更專注於在我選擇的體驗和挑戰中，並在我所有的嗜好中找到了真正的快樂和興奮——最引人注目的，就是我的工作。有好多次早晨，在眼前的專案或興趣所帶來的刺激和興奮感驅使下，我會在在凌晨四點就熱情地跳下床。

仔細思考這兩種觀點，再結合生活經驗，我認為真正產生動機（這與維護和調節不同）、讓我們在生活中對某個目標的追求，都應該來自一種正面的心態，如果它真的能夠持續下去的話。

無論你的動機是正面的還是負面的，它都是一種複雜的行為，包含了大約十五個大腦結構，而最重要的則是韌性的核心動力來源——前額葉皮層[195]。此外，動機也受到神經化學多巴胺的影響和驅動。

簡而言之，這代表如果沒有受到適當監控和順利運作的多巴胺能系統，動機（以及最終的韌性）就會變得很難維持，如果不說是不可能的話。

> 多巴胺是所有類型的動機最主要的驅動力。

如果你在生活的某些領域（例如早起、運動、吃健康的食物等）很難保持動力的話，那麼試著創造一個能夠提升多巴胺表現、和／或訊號傳導、和／或新陳代謝的最佳內在環境，可能會很有幫助。透過增加多巴胺，我們便能夠體驗更強大的動機和驅動力，無論你生活中的那些層面過去是否充滿了挑戰。如果你有某些基因的變異，也許會導致多巴胺能系統受損，支持多巴胺的產生就更加重要了。較有影響力的基因包括 IL-6、DRD2、DRD4、DAT 或 COMT。

如同我前面所說的，有些行為，如有氧運動、冷療、冥想、曬太陽、按摩和音樂，對多巴胺都有著正面的影響，對於促進動力也很有用。下面的表格，提供了進一步增強多巴胺表現和訊號傳遞的食物、飲料和營養素。

食品、飲料或營養素	影響	劑量或數量	考慮因素
綠茶	提高／增加酶活性（酪氨酸羥化酶），這會支持多巴胺的產生。綠茶也會減緩多巴胺再吸收的速度（透過 DAT 抑制），降低多巴胺代謝速度（透過抑制單胺氧化酶 B[MAO-B]），減少多巴胺細胞的損害（透過增加抗氧化活性），減少神經炎症（降低 IL-6），提升 BDNF 表現，這也會支持多巴胺的產生。	・茶：五百至七百五十毫升，或二至三杯／一天 ・劑量：綠茶萃取物（兒茶素）一百至八百毫克／一天 ・理想劑量：四百毫克／一天	綠茶是咖啡的絕佳替代品，原因有很多。此外，與釀造的過濾咖啡相比，綠茶的咖啡因含量僅為二十五毫克，而咖啡的咖啡因含量則高達六十三毫克。

咖啡	增加對多巴胺的敏感性，並增強它的效果，例如訊號傳遞（由於 D_2 和 D_3 受體增加）。	・健康極限：二至三杯／一天 ・咖啡因上限：四百毫克 ・建議時間：午餐時間前	並非每個人都能在沒有負面影響的情況下喝咖啡。那些有 CYP1A2 基因的人，應該限制咖啡因的攝取。此外，有些人具有影響壓力軸的基因，也應該限制咖啡因的用量，因為他們需要承受長時間和／或過度誇張的壓力反應。
富含酪氨酸的食物	酪氨酸是一種生物前體和氨基酸，用於製造多巴胺。攝取富含這種蛋白質的食物，可以增加多巴胺的表現，會在四十五至六十分鐘內發生，而且持續時間會從大約三十分鐘變成長達八小時。	・每日最低需求：一克／一天 ・理想攝取量：一至二克／一天 ・最佳食物來源：牛肉、魚、雞肉、火雞、豆腐、豆類（豆類、扁豆、鷹嘴豆）、南瓜籽、糙米和野米、苔麩、燕麥、酪梨	酪氨酸在多巴胺可能枯竭的情況下特別有益，例如慢性壓力和困難的認知挑戰。研究已經可靠地證明，酪氨酸在不利的條件下，可以改善認知和行為表現，特別是在挑戰之前食用酪氨酸的話。

（續下頁）

（續上頁）

Omega-3 脂肪酸	可以使前額葉皮層的多巴胺水準增加多達百分之四十（可能是因為酪氨酸羥化酶的表達增加）。由於 D_2 受體結合的改善，Omega-3 脂肪酸也與多巴胺訊號傳導的改善有關。此外，最佳水準的 Omega-3 脂肪酸會協助和保護多巴胺生產細胞（免疫調節），並減緩多巴胺分解速度（MAO-B 抑制）。	劑量： ・成年人：一點五至二點五克／一天 ・青少年（大於九歲）：一至一點六克／一天 ・兒童（小於九歲）：五百至九百毫克／一天	如果你不想食用海洋性的 Omega-3 脂肪酸（例如鮭魚、鯡魚、磷蝦等），請考慮定期食用以下食物：鮭魚、鯡魚、沙丁魚、鯖魚、金槍魚、鳳尾魚、鱈魚、鱸魚、鱒魚、鯛魚、鰈魚、核桃、奇芽籽（高度過敏警告）、亞麻籽、豆腐、一些豆子、苜蓿芽、酪梨。
薑黃素	攝取薑黃素的最大效果會發生在攝取後六十分鐘左右。雖然高劑量確實會增加多巴胺水準，但最大的好處似乎與多巴胺代謝減少（抑制 MAO-A 和 B）有關。薑黃素也會顯著減少炎症和氧化的壓力，對大腦中的多巴胺生成細胞具有強大的保護作用。	劑量：（分為三次攝取） ・薑黃素：一點五克／一天（總量）加上 ・胡椒鹼：六至七毫克／一天（吸收增強劑）或 ・Meriva 薑黃素（薑黃素加卵磷脂），四百毫克至一克／一天	最好與食物一起服用，薑黃素不好吸收，需要脂肪或黑胡椒萃取物來解決這個問題。

維生素B_9（特別是甲基葉酸）	甲基葉酸是多巴胺生產的核心，因為它會支持和推動酪氨酸轉化為多巴胺的酶。	劑量：（服用一至兩次）四百微克／一天	高葉酸（維生素B_9）的食物包括：毛豆、扁豆、蘆筍、菠菜、西蘭花、酪梨、芒果、羅曼生菜、甜玉米、柳丁。

■塑造我們未來的動機和習慣

《原子習慣：細微改變帶來巨大成就的實證法則》一書中，作者詹姆斯．克雷爾提出了一個建立成功習慣的公式，而這些習慣，最終會決定我們的身分和現實[196]。克雷爾在他的書中說得最好的一句話是：「你的身分會你的習慣中浮現出來。你的每一個行動，都是在投票給你想成為的那種人。」

克雷爾勾勒出一個簡單而強大的公式，讓我們透過建立新習慣來推動正向的變化，這些習慣包含創造一個提示（重複體驗），使你的習慣具有吸引力、簡單（建立頻率），並讓這個習慣為你帶來立即的滿足感。這個四步驟的模式，是我們在生活中創造每一種行為和習慣的基礎。

所有新習慣的第一階段，都是製造一個提示。這樣的提示訊號，會提醒大腦啟動特定的行為，因為它告訴我們很快就會得到新的獎勵了。例如，如果我這麼做，就可以獲得成功，得到讚美、認可、愛、友誼、滿足、和欽佩等。創造一個環境，不斷提醒我們，以某種方式做事就可以得到預期的結果，是一個強大的第一步。

第二部分則是讓它變得有吸引力。或者用更科學的術語來說，這就像是在渴望多巴胺生產的巔峰。這麼一來，它又增強了大腦獎勵中樞內的溝通。在這裡，多巴胺是一種刺激動力的力量，因為它支撐著人們想要積極改變內在狀態的吸引力。

第三步是我們對預期獎勵的反應，和改變我們內在狀態的願望。這種反應取決於我們當下的動力有多強（由多巴胺水準決定）以及預期行為要面對的挑戰／困難程度。如果我們預期中的行為／任務需要耗費大量的時間、精神和／或身體能量，而我們沒有、或者不願意消耗這些能量，我們就不會去做了——無論有無提示、或者預期的獎勵有多好。因此，讓我們的反應對上我們的能力（我們在某個領域內表現越優秀，任務就越顯得容易）、時間和精力是很重要的。

例如，如果我們想讓思考越清晰、越專注，我們其實有很多選擇。其中一種比較有效的習慣是在攝氏八度的水中進行三至九分鐘的冷浴。但是這個過程，可能需要你跑一趟，去買六到十袋的冰塊，裝滿一浴缸的水、再把冰倒進去，最後再短暫地經歷一段非常不愉快和痛苦的時間。一個不習慣這種體驗的人，或者沒有透過這種習慣反覆感受到泡冰水的價值和好處的人，這麼做的可能性幾乎為零。相反地，喝綠茶，或是做短暫的冥想，就會是一個更實用、更可能持續下去的第一步。簡而言之，新習慣必須要很容易。

鞏固新習慣的最後一個層次，就是獎勵。雖然我們會有意識地思考我們的行為所帶來的長期影響，但真正的吸引力，還是在於此時此刻、眼前的滿足感。

如果以奧運冠軍的例子來探索克雷爾的模型，那麼他們是怎麼辦到、又為什麼能夠保持動力，並在最困難和最具挑戰性的條件下達到他們所表現出的高度，就很明顯了。

作為一名菁英運動員，他的技巧是很固定的，他們生活和訓練的環境，也非常支持他們的習慣和行程。他們起得很早、吃得很好，也會服用營養品。運動技能發展和練習的時間會佔據大多數的上午，而下午則屬於小技能的改進、身體發展和各式各樣的治療。就許多層面而言，這是一個高度重複的過程，因此也會變成一個自動化的過程，一年三百六十五天重複進行。

克雷爾的另外三個正向習慣因素，則受到動機本身的性質（例如正面或負面）的強烈影響。如果運動員是被恐懼、痛苦、拒絕和懲罰驅使（我曾經與許多這樣的人合作過），他們就很難在自我發展的過程中找到那種吸引力、自在與滿足感，要成功執行實現目標的必要系統就會變得很困難，更不用說掌握了。

＊

除非我們不斷打破我們原有的行為，並「欺騙」我們的系統培養積極的習慣（就像克雷爾指出的那樣，只要依照他的作法，這是非常可行的），否則在競爭／生活中重複成功的經驗，可能會很困難，特別是在較具有挑戰性和不利條件的情況下。

相反的，當我們的動機是熱情和火花，我們的動力便是熱愛我們所做的事情、喜悅與成就、熟練度和目標實現，培養精神、身體和感情習慣，最終達到韌性的終點，就會顯得更容易、更自然了，因為這個目標是有吸引力，也會帶來滿足感的。

正向的動機不僅會推動韌性行為，也會還推動更偉大的東西——靈感！只有當我們得到啟發時，我們才能從賽道上站起來，帶著失望和失敗，但仍然超越我們最艱難的競爭對手（通常是我們自己），贏得我們生命的比賽。

麥可．曼金斯在他的《時間、天賦和精力：克服組織的拖累並釋放團隊生產力》一書中，提到了靈感的強大力量[197]。儘管曼金斯所指的背景與企業和組織績效有關，但就很多方面而言，這些概念和原則幾乎都可以套用在我們的生活中。貝恩公司（曼金斯是他們的高階合夥人）的研究表明，工作場所所帶來的滿足感（而不是不快樂）會使生產力提高多達百分之四十。作為主管和／或經理，你可以減少團隊的壓力（我在第二本書《抗壓：遊戲計劃》中有著詳細的討論），藉此創造一個快樂的環境，更加支持、感謝員工的作為，並為他們提供個人成長的機會。

儘管這能有效提高生產力，但它還是比不上完全的投入。提升和發展我們的技能會帶來個人的掌控感（動機的主要來源）和責任感、感到被重視和需要（內在動機的另一個驅動因素），更重要的是，讓我們感覺自己處在一個支持和團結的團隊裡，會讓我們更有投入的意願。和不快樂的工作環境相比，好的環境可以提升百分之八十八的生產力。

但是當我們感到充滿靈感時（我們的動力是來自熱情、快樂、成就感，我們正在努力成為最好的人，並擺脫自我施加的限制），比起不滿足的生活狀態，我們的生產力卻會高達驚人的百分之一百七十五。

人們大多認為，自律和有建設性的習慣，對促進韌性和整體成功的重要性超過所謂的「動機」。我認同這一點，也能打從心底理解這些行為，因為它們也是我這個人存在的重要核心。但是奧運冠軍教我們的是，找到你心底最深處的火花，加上你最真實的動力，也許反而還超過了自我控制、自律和積極的習慣。

如果想要更深刻地探索這一點，請每個月至少問自己一次以下的問題：

- 面臨挑戰、障礙、失敗、創傷和挫折時，是什麼激勵我繼續前進？
- 是什麼激勵我進一步發展自己，提升我的技能並帶來整體的進步？
- 是什麼啟發了我？

動力檢查表	我的動力（每項填入三個）
我最近的動力是什麼？	
是什麼激勵我繼續自我發展？	
是什麼啟發了我？	

前面的動機分析，可能需要花一些時間來完成，也需要你做一些反省。完成問題後，拍一張照片、並把它印出來。這樣一來，每當你經歷失敗或挫折，或感到不知所措時，都可以大聲朗讀你的答案，並重新找到思緒的錨點。

章節小結

- 即使在逆境中，奧運冠軍也會表現出不可思議的動力。
- 菁英運動員的動力，是來自對自己運動的熱情、對目標的實踐、從同儕那裡獲得的認可，以及努力做到最好的執著。
- 多巴胺會支撐和推動你的動力。
- 有許多基因可以影響多巴胺的表現、運輸和訊號傳導，包括 IL-6、DRD2、DRD4、DAT 和 COMT。基因測試也許會非常有用。
- 為了創造新的習慣，我們需要一個提示，並且需要與這個習慣相關的吸引力、簡單方法和滿足感。
- 如果我們是被恐懼、痛苦、拒絕和懲罰所激勵，我們就很難在努力中找到自在、吸引力和滿足感。
- 如果我們是被火花與熱情所激勵，我們的動力便是熱愛我們所做的事情、喜悅與成就、熟練度和目標實現，培養精神、身體和情感習慣所需的過程就會更容易、更自然，而且具有吸引力和深度的滿足感。
- 正向的動機能夠促進靈感。

■快樂的體驗會使生產力提高百分之四十。充分投入一項活動會將生產力高百分之八十八。受到啟發（也就是受到正向驅動的激勵），則會將我們的生產力提高百分之一百七十五。

冠軍技能五：信心

這就是我度過信心低落的困難期的方式——努力工作。

——大衛・貝克漢

就像正向的性格特徵一樣，例如外向、對新體驗的開放態度、責任感、樂觀、有彈性的完美主義、主動性和動機，自信與增強韌性和減少對逆境的脆弱性有著密切的關係。我們對自己的成功能力感到越確定，我們就可以說是越有信心。這種特質，本質上是由我們選擇的行動所帶來的成功結果驅動的。我們在特定領域越成功，我們的信心就越大——是吧？你一定會這麼想，但自信遠比這複雜得多。這種人格特徵有一個弱點，凌駕在反覆成功的過往之上。

■透過逆境建立信心

三十一年的職業生涯中，我的前客戶瑪蒂娜．娜拉提洛娃贏得了五十九個單雙打大滿貫冠軍（包括九個溫布頓冠軍）、一百六十七個單打冠軍，七次在WTA巡迴賽中被選為年度最佳球員，又被選為有史以來前四十大運動員之一。

我職業生涯的亮點之一是成為瑪蒂娜．娜拉提洛娃團隊的一員，為她最後一次大滿貫賽事——二〇〇零六年的美國公開賽——做準備。我清楚地記得那兩週的時間，因為她的決賽使得所有人的情緒高漲，而且她正在成為網球歷史的一部分，儘管只是很小的一部分。

當時造成轟動的另一個因素是瑪麗亞．莎拉波娃（另一位前客戶，她在整個職業生涯中都表現出非凡的韌性）在女子單打中佔領著主導地位；當年她的表現很驚人，媒體和粉絲每時每刻都在討論她的成就。

雙打比賽中，瑪蒂娜與娜迪亞．彼得羅娃合作，娜迪亞．彼得羅娃是一名強大的俄羅斯球員，排名世界第三，當時主宰了單打巡迴賽。混合雙打中，娜拉提洛娃的搭檔是有史以來最好的雙打球員之一，聳人聽聞的鮑勃．布萊恩。

我對這次賽事最美好的回憶之一，是群眾對娜拉提洛娃的愛和欽佩。每次她擊球、揮舞球拍或與她的隊友對話時，球迷們都會歡呼、鼓掌和陷入瘋狂。「加油，瑪蒂娜」、「我們愛你」、「你太棒了，瑪蒂娜」的喊聲，在她每一場比賽中，都充斥著整個體育場。她現在仍然是有史以來最受喜愛的球員之一。她非常關心他人，也參與了支持動物權利、同性戀權利和貧困兒童的慈善機構。除此之外，再加上她雖然佔據了第一名的位置三百三十二週，但她一直都非常謙虛。

背後有這麼多的支援和一百六十七個單打冠軍的歷史，你會預期這位網球巨星充滿了信心吧。但讓許多人（包括她的對手）感到驚訝的是，事實並非如此。在每場比賽前，娜拉提洛娃都非常緊張，缺乏自我信任，也會經歷深深的自我懷疑——與我們每個人都一樣。但是，她即將要在最後一場比賽中獲得另一個大滿貫冠軍的頭銜。所以我們不得不提出一個問題，她這麼缺乏信心，為什麼不會影響她的比賽結果呢？

另一位整個職業生涯中都在與自信搏鬥的代表性網球選手，則是拉斐爾．納達爾，他現在是網球史上公認最偉大的男子球員，總共贏得了二十二個大滿貫冠軍（諾瓦克贏得了二十四個冠軍，費德勒贏得二十個），並在世界第一的排名上維持了兩百零九週的時間。和娜拉提洛娃一樣，他週期性的缺乏自信，並沒有反映在他的表現中。

＊

真正定義這兩位頂級球員的是，在那些自我懷疑、自卑和恐懼的時刻，他們就像所有成功的奧運選手一樣，確切地知道該怎麼做以及如何應對。弗萊徹和薩卡在對奧運冠軍的研究中發現，他們能夠從幾個獨立的外部來源獲得信心，其中包括來自教練和隊友的信任支持、廣泛且多層面的準備、視覺化自己的目標、和自我意識。

這份研究也強調，年紀較長、更有經驗、更有成就的運動員（像娜拉提洛娃和納達爾的狀況）往往會比年輕的運動員更容易在自信中掙扎。但他們並沒有因為缺乏自信而表現下滑。

他們的信心和表現結果之間非線性的關係，可能是因為奧運金牌得主（納達爾正好也是其中之一）能夠透過吸引周圍其他人的額外支援，來增強他們的信心。這份研究指出，教練、訓練員、心理治療師、導師、伴侶、家庭成員和朋友，都會對他們缺乏信心的狀況帶來緩衝，進而阻止體育成就的不利影響。我在許多場合，與許多運動員一起親身經歷過這個狀態，包括瑪蒂娜和瑪麗亞，他們只是需要一點點的提醒，告訴他們自己到底有多好、在他們所面臨的挑戰下已經有多成功，最重要的是，他們對眼前的比賽已經有多充分的準備了。你只需要看一場網球比賽，再數一數這些球員們往自己的包厢內看去、尋求支持和安全感的次數，就可以充分理解支持對信心會帶來多大的影響。

儘管這確實點出一種我們可以在自己生活中汲取的正向且重要的關係，但它並沒有說明牢固、真實而有意義的關係，為什麼可以促進自信和增加我們的自我價值。多理解這個領域，可以進一步加強和提升這種強大的韌性特質。我的理論是，這與催產素表現和訊號傳導的增加，以及神經化學對壓力反應和人類行為的深刻作用，有著很大的關係。

■催產素、信心與個人的成功

學界針對高水準的運動表現和催產素的影響，進行了一些非常深入的研究，也許可以在某種程度上擴展這一套理論。

二〇一〇年，荷蘭格羅寧根大學對職業足球員進行了一項研究，將慶祝行為和團隊支援（已知的催產素觸發因子）與表現結果連結起來[198]。換句話說，獲勝的球隊是不是慶祝比較多的球隊？足球以色彩繽紛的角色、華麗的勝利慶祝動作和誇張的團隊慶祝活動而出名。

研究團隊專注在十二碼罰球大戰，並仔細分析了三十年來在世界盃和歐洲錦標賽比賽中的三百二十五個罰球。研究顯示，球員和／或團隊的慶祝行為越盛大，他們贏得比賽的可能性就越高——這也許就是催產素表現增加的證明。

在團隊比賽中，催產素對結果的影響，很大程度上是因為它會影響帶來團隊成功的心理行為。這些行為包括慷慨、無私、凝聚力、合作和動力。但是最引人注目的效果，是催產素促進和提高信任的能力[199]。所謂的信任，指的是我們對團隊的信任，我們對過程／旅程的信任，以及我們對自己的信任。再加上壓力調節，這就是催產素能為韌性帶來的貢獻。

不過，經歷逆境、挑戰和掙扎時，催產素還有一個額外的優勢：它會帶來高度預測性的能力。這種神經肽可以幫助人辨識他人的情緒狀態，並增強感知過程，包括預測人們移動的方式和未來的行動。換句話說，催產素可以幫助運動員更有效地即時預測對手的注意力、信心、競爭力和下一步行動。

＊

想想，你在發表一場重要現場演講的前一兩天，如果能提高和支持催產素的生產，會帶來什麼效果。在這個情境中，你可以更準確地讀懂房裡的空氣和每個人的感受，以及他們的預期行動，這會幫助你的訊息傳達，提高你報告的效率。或者，想像你的團隊舉辦一個研討會，而與會人士的肢體語言和面部表情，都可以提供你清晰而快速的線索，讓你斟酌你的語氣、內容方向，甚至是必要的休息。

研究顯示，透過支持催產素的生產（也許是長時間的，而不是零星的間隔），這就是你可以創造的現實。

以下的研究也可以支持這個論點。二〇二一年，義大利的大型學術團隊，對年輕的足球員進行了一項研究。研究人員發現，催產素的水準與運動方面的成功率之間存在著直接相關[200]。這項小型研究包含了來自不同球隊的五十六名球員，他們（使用唾液拭子）在兩個不同的時間區段內（比賽前九十六小時和二十四小時）收集了球員們的催產素和皮質醇水準。研究團隊也使用競爭狀態焦慮清單二（CSAI-2）測量了他們的焦慮和自信程度。CSAI-2是針對特定運動的自我報告問卷，包括二十七個測量項目，囊括了焦慮（害怕負面社會評價、害怕失敗和失去自尊）和自信（個人對自己在體育中取得成功的能力有多大的信念或確定程度）的三個子量表。

結果令人十分驚訝，也一定會引發對催產素所帶來的增強效果的進一步研究，因為他們發現，獲勝的球隊在比賽前二十四小時的催產素水準明顯高得多。他們也表現出較低的皮質醇水準，並自我回報擁有較高的自信心和較低的焦慮水準，這表明催產素是可以用來預測結果的。

活動	概述	所需頻率
親社會行為	與生活中的人更常保持聯絡。向他們展現更多的支援、關懷、同情心、同理心，並盡可能地展現自我。	嘗試每週超過十一次的親社會行為
內臟筋膜鬆動術	內臟筋膜鬆動術，有時被稱為內臟筋膜治療，正迅速成為保守醫療方法中最有價值和最受歡迎的做法之一。在我的作品《壓力密碼》中，我解釋了找一個治療師會帶來的好處和方法。	每週一次或每月兩次，持續十五至四十五分鐘
按摩和物理治療	對背部和軀幹部位施以輕至中度的壓力，能夠使催產素表達增加百分之十七。	十五分鐘或更久，每週數次
有氧運動	跑步、游泳、徒步旅行、騎腳踏車、網球和足球，可以使催產素表現增加百分之兩百五十。	十五分鐘或更久
瑜伽	在一個月內持續練習瑜伽可以將催產素水準提高百分之四百五十。	十五至四十五分鐘，每週數次
緩慢放鬆的音樂	以每分鐘六十至八十拍的節奏聆聽輕鬆的音樂，在一次聆聽的過程中可以使催產素增加百分之九點五。	三十分鐘或更久

上一頁的表格列出了一些可以增加催產素、信心、韌性和表現的活動，而第二部分第六課中列出的催產素增強食物和營養素，則和它是完美的搭配。

如果你進行過基因測試，並發現了 OXTR 基因的變異，請定期進行這些活動，它們可能可以幫助你減少逆境帶來的影響，當然也可以讓你的個人表現最大化。

■章節小結

- 自信與韌性呈正相關。
- 信心是我們對自己在特定領域中是否能取得成功的確定程度。
- 奧運冠軍知道如何應對因失敗、失望和挫折而導致的信心低落。
- 菁英運動員的信心是來自於幾個獨立的來源，包括大量的準備、視覺化自己的願景、自我意識（例如基因分析、血液檢查、健身測試）以及教練和隊友有意義的支持。
- 催產素是促進自信和自尊感的主要因子。
- 催產素會提升慷慨、無私、凝聚力、合作、動力和信任，藉此促進團隊的成功。
- 催產素會幫助我們辨識他人的情緒狀態，並增強感知過程，預測人們的行動方式和未來的行動。

- 催產素會減少壓力、提升預測的準確性和增強信任。
- 在賽事前提升催產素（二十四小時前），帶來成功的可能性要大得多。
- 透過增加催產素，人們便可以增加自信。
- 親社會活動（關懷、同理心、慈善、支援、深度連結和鼓勵）、定期的身體接觸、內臟筋膜鬆動術、物理治療、有氧運動、瑜伽、緩慢放鬆的音樂、服用槲皮素、維生素C、鎴酸鎂、羅伊氏乳酸桿菌和維生素D，都可以增加催產素。

冠軍技能六：專注

冠軍會一直努力下去，直到他們做對為止。

——比莉．珍．金恩

弗萊徹和薩卡對奧運冠軍做的研究也發現，專注是運動員韌性的一個重要特徵。如果我們思考麥可．喬丹、麥可．菲爾普斯、瑪麗亞．莎拉波娃、塞雷娜．威廉斯和諾瓦克．喬科維奇的成就，我們就不會感到意外了，因為他們在練習和比賽中，都散發出強烈的專注力。他們的眼神、他們在訪問中言詞的使用，以及如果你有機會見到他們，他們的姿態，都會展現出他們的專注。

■有目標的注意力所帶來的力量

凱文．安德森一直都熱衷於網球。小時候，他和他的家人一直夢想著，有一天他可以參加男子溫布頓決賽——這是這項運動的終極成就。安德森渴望登上世界網球的頂峰，這個願望得到了許多系統和過程的充分支持，包括每天進行幾個小時緊繃的訓練、進行正確的飲食、進行力量、速度、敏捷性、靈活性和耐力的輔助訓練，並在必要時進行物理治療。這是他從六、七歲開始，就做出選擇的生活。

但是，就像許多初級網球選手一樣，安德森非常容易受傷，因為球場上永無休止的時間——每天四到六小時——這項運動的爆發力與刺激性，以及來自教練和家人無情的壓力又不斷糾纏著他。所以我才會和他有第一次見面。儘管他只有不到十五歲，但他非常高，得彎著腰才能穿過標準高度的門框。以許多方面而言，他更像籃球員，而不是網球選手。難怪他這麼容易受傷。在我們最初的會面中，我真的感受到我與凱文、他的家人、他們的價值觀、掙扎和旅程有所連結。我一開始的角色，是幫助凱文從現有的傷勢中恢復過來，並防止未來的傷害，此外，也要提升他的表現和整體潛力。

*

在兩千年代初，我一直與大多數南非頂級網球選手合作，這主要是因為我在擔任戴維斯杯隊的體育總監。這是一個令人興奮的時期，我在西開普省和卡祖魯－納塔爾開訓練營，定期進行團隊建造的練習，又飛往各種有趣而遙遠的國家參加錦標賽，整群球員和教練也都有著共同的熱情與同袍情誼。除此之外，球隊還試圖招募一些更有才華的青少年，來培養下一代的球員。

但不幸的是，對凱文來說，他只位於這群才華橫溢的初級球員的邊緣，因此沒有被列入初級菁英陣容。雖然教練們承認他是有點希望，但按照南非的標準，他仍在發展之中，而且他的過程並不正統（因為他選擇讓家長擔任教練和經紀人），這讓許多教練和球員感到不安。我投注大量心力在凱文的表現上，並試圖利用我在團隊中的影響力，讓頂級小將們和他一起練習，並不時地將他納入他們的球隊裡。讓我失望的是，他們拒絕了，還說他會扯他們的後腿、他們沒有那麼多時間可以浪費。

坦白說，這很讓人生氣。我之所以挫折，是因為某些團隊成員沒有花時間或努力去探索他表面之下的潛力。凱文的努力、投入、動力、熱情和職業道德，簡直是無與倫比的。

幸運的是，有些高階球員對這個想法抱持著較開放的態度，也真的讓凱文參加了一些短期訓練營。二〇〇五年溫布頓雙打冠軍衛斯理·穆迪在這方面提供了極大的幫助。衛斯理的道德感非常強，也非常溫柔和關懷他人。在我和他合作的這些年裡，他總是會做正確的事，而不是流行的事。

讓人驚訝的是，凱文能夠擺脫那些針對他的排斥情緒、批判和敵意，儘管他經歷了傷害、拒絕和孤立，但他還是能夠將痛苦轉化為進步的動力，並專注在他的旅程和進步上。

凱文最特別的一點是，在每一天結束時，他總是會反思他所取得的成就，以及他設法改進了球技的什麼方面。與此同時，他也對自己和團隊提出非常關鍵的問題。

■明天，我該怎麼樣才能做得更好？我還有哪裡可以改進？

值得注意的是，凱文的焦點從來不放在外在環境上，因為外在環境大多時候都超出了他或任何人的控制範圍。相反的，他只把專注力單一集中在他的個人發展、訓練過程和旅途上，他從不允許懷疑入侵他的思想，或以任何形式分散對他的目標和願望的專注力。

事實證明，當那些高階球員多年後退役時，他們也沒有被「培養出來」的後輩所取代，在職業巡迴賽中為南非留下了漏洞。事實上，沒有一個「新生代」選手在職業賽事中取得任何成功。這不是因為他們缺乏天賦和能力，而是天賦、傲慢和怠惰集合成了一個危險的組合。

凱文利用他強烈的專注力填補了空白，以令人難以置信的存在感，出現在巡迴賽中。凱文・安德森成為南非網球史上排名第一的單打選手，與一九八五年的凱文・庫倫並列，並達到了世界排名第五的職業生涯新高。

當他在二〇一八年溫布頓男子決賽中面對諾瓦克・喬科維奇時，他參加溫布頓決賽的夢想終於實現了。對凱文來說很不幸，他在半決賽中戰勝了美國高大的發球巨砲人約翰・伊斯納，賽事持續了六小時三十分鐘（溫布頓史上第二長的比賽），這對他的健康狀況造成了損害，並影響了他兩天後在決賽中的表現。那一年，凱文拿到了亞軍的獎盃。

他的光輝不止是一個瞬間的而已，凱文的職業生涯十分耀眼，他擊敗了羅傑・費德勒、諾瓦克・喬科維奇（在邁阿密大師賽和拉沃盃中）和安迪・莫瑞等人。正如麥可・菲爾普斯的教練鮑勃・鮑曼所說的，「夢想要大」，並專注在你的旅程和你需要採取的步驟上。

在專注這方面，運動員並不是異類。我們每個人都有能力集中注意力，即使是那些注意力似乎有點難以集中的人（例如ADD患者[201]）。在討論韌性與專注力的關係時，這個問題更著重的，是我們注意力的方向、目標和調節。

我們的注意力可能會被誤導和／或破壞，就像在新冠肺炎最初的那一波疫情中，當時全世界的注意力，主要都集中在病毒、以及疾病傳播的不確定性上。雖然對情況有多一點了解，會減輕些許壓力，但很多時候媒體的炒作變得鋪天蓋地，使我們許多人幾乎沒有時間、精力或資源，專注在駕馭不確定的未來所需的必要步驟上。同樣地，有些受傷的運動員，也會錯誤地將注意力集中在比賽發生的事、如何訓練、表現如何以及比賽的地點上，所以反而不小心忽視了自己的康復與發展。

*

凱文．安德森和十二位奧運冠軍可以告訴我們的是，專注力是主要的韌性驅動力之一，但只有當它被引導到正確的地方和受到控制的時候。生活中，我們經常被捲入我們從未經歷過的事件和環境中。如果我們想在新的現實和動盪中適應和成長，最重要的是，我們要專注在旅程中需要做的事情上，以及實現目標所需的步驟。

■放空

這個領域中，有一個額外的課題，是弗萊徹和薩卡在研究中發現的。這是與專注力有關的一個小小的關鍵資訊，與注意力不集中的概念有關。

當我們面對挑戰、壓力、變化、不確定性、困難和掙扎時，許多人（包括我自己）又會恢復到高度警惕的狀態。在這種狀態下，我們會選擇一直努力下去，直到找回一定程度的秩序和確定性。這樣的問題是，長期高度警惕的狀態，會導致睡眠障礙、疲勞、倦怠、易怒，在某些情況下還會導致嚴重焦慮。除了少數例外，我們都被推進了一個複雜和充滿不確定性的世界，影響了我們生活的許多層面。如果我們無法在一天或一週中抽出時間來分散自己的注意力，這最終反而會損害我們的韌性。

奧運冠軍的最大優勢在於，他們有能力分散自己的注意力，這是他們在運動生涯的早期就學會的技能。瑪麗亞・莎拉波娃透過廣泛的興趣，設法在她的職業生涯中創造了放空自己的機會。她熱愛藝術和文化，在重大賽事期間，她會在城市裡漫步，無論是墨爾本、倫敦還是巴黎，她會探索當地的商店、餐館和畫廊，與策展人、藝術家和餐館老闆討論產業趨勢、生活，以及介於這兩者之間的一切。這為她帶來了不同的視角，一個不在網球以及它所帶來的壓力、期望和要求內的觀點。它為她提供了一個全新的切入角度，讓她得到了最重要的精神洗滌。

以我個人而言，我還在努力學習注意力不集中的技巧，在這方面還有一段路要走，但我完全理解、也承認它在韌性中所扮演的角色。

■章節小結

- ■專注力對促進韌性來說很重要。
- ■我們都有能力集中注意力，就算是那些在這方面可能有所掙扎的人也是。
- ■奧運冠軍有著不可思議的能力，可以控制他們在逆境中的方向、調節和目標。
- ■通常在壓力事件中，我們會專注在錯誤的事情和無關的內容上。
- ■如果我們希望在新的現實中適應和在動盪中成長，最重要的是要專注在我們需要做的事、我們的旅程上，以及實現這個目標所需的步驟。
- ■菁英運動員會定期創造放空的機會，特別是在具有挑戰性的時刻。這最好是與當時的主要需求、壓力和挑戰完全無關的活動。

冠軍技能七：社會支持

保持堅強，無所畏懼，以及美麗。並且相信，有合適的人來支持你時，一切都有可能發生。

——米斯蒂・科普蘭

社會支持在韌性中的重要性是無法量化的。沒有任何一點比得上。有一個最偉大的時刻體現了社會支持的力量和價值，就是在二〇二一年的東京奧運上。當時義大利跳高選手吉安馬科・坦貝里，跳出了無可挑剔的二點三七公尺後，便意識到自己會是奧運冠軍。跳高決賽花了兩個半小時多才比完，是奧運歷史上公認最具競爭力的決賽。結果公布時，坦貝里一次又一次地跳到空中，然後面孔朝下地倒在地上。坦貝里雙手捂住臉，淚水從臉頰上流下，在地上來回打滾。最後，他想辦法站了起來，並用雙手抓緊了胸口。這種壓倒一切的強烈情緒在兩個小時內一遍又一遍地出現，而這引出了一個問題——為什麼他對勝利有如此情緒化的反應（有些人可能會說他的反應不成比例）？

我被坦貝里的喜悅和瘋狂深深感動了，他的激情在那年的比賽中是無與倫比的，而且考量到許多不可思議的運動成就，這絕非易事。使他的成就如此亮眼的原因，以及他贏得金牌時強烈反應的理由，便是帶領他走到這一刻的旅程。

東京奧運的五年前，離二〇一六年里約奧運只剩下二十天，在賽季的最後一場比賽中，坦貝里正處於最佳狀態。他剛跳出了二點三九公尺，並試著進入頂尖的二點四零公尺俱樂部，運動史上只有十一名跳高選手達到這個高度。

坦貝里深吸了一口氣，雙眼緊盯著水平的欄杆，然後展開助跑，每一步都變得更快。當他起跳時，似乎有什麼事不太對勁，而他著陸時，他便用雙手緊緊抓住他的腳。他立刻舉起手臂，尋求醫療支援。體育場一片寂靜，而他的教練團屏住呼吸。這是不可能的，距離里約奧運只剩下不到三週時間了。

當坦貝里從墊子上滑下來，把重心放在他的左腳上時，他和體育場裡的其他人才意識到這個傷勢的嚴重性。坦貝里倒在地上，開始哭泣。就許多方面而言，這與他在二〇二一年奧運時表現出的勝利之舞沒有什麼不同，但這次的眼淚是由痛苦和破碎的夢想所引起的。坦貝里被人用擔架抬出賽場，後來，他不得不接受韌帶破裂和筋膜撕裂的緊急手術。他的奧運之旅、他的人生目標、他締造紀錄的任務，有可能就要永遠結束了。

坦貝里經歷了密集的治療，而讓人難以置信的是，透過努力訓練、紀律、堅持和決心，他在二〇一七年的賽季又復出了，儘管專業醫療人士都說他也許永遠不可能再跳高了。但坦貝里的復出是一場災難。在那一年的第二場比賽中，在巴黎舉行的鑽石聯盟會上，坦貝里排在最後一名，連開場的高度都跳不到。在這項運動的高峰會上，他甚至沒有辦法跳到開場的水準。根據坦貝里的說法：「我感覺自己有點像是一個與大人們競爭的小寶寶。你知道，有時候一個孩子可以和大人們一起玩，而每個人都告訴他他有多好，他們給他一顆球，然後說『去、去，去旁邊』。那就是我。」

＊

在那場賽事後，坦貝里崩潰了，把自己鎖在飯店房間裡，拒絕出來、也拒絕與任何人交談。許多組織的成員和選手們，都對坦貝里的身心狀況深感擔憂[202]。

第二天，有人重重敲響了他的門。他一直叫那個人離開，但對方拒絕了。敲門聲越來越大，越來越頻繁，伴隨著「吉寶，吉寶！拜託，我想和你談談。」最終，坦貝里讓步了，讓這個人進了門。

「我們談了。我在他面前哭了。他試著讓我平靜下來，把他想說的話告訴了我。」坦貝里說。

「不要急。」那個人一直告訴他。「你受了重傷，你也已經回到了鑽石聯盟。沒有人想得到。但現在你得慢慢來，不要太早對自己有太多期望。耐心等等，看看會發生什麼事。」

這個時刻，是坦貝里的一個轉捩點。大多數人會認為，當他似乎失去所有希望時，能夠把吉安馬科拉起來的人會是他的父母、教練、兄弟姊妹或是伴侶——但事實並非如此！

讓坦貝里再次相信自己和夢想的人，正是穆塔茲．巴希姆——他終生的競爭對手。

他們倆後來成為了密不可分的摯友。在命運的「轉折」中，一年後，巴希姆也受了完全相同的傷，為了康復，他不得不休息了一年。事發的那一天，坦貝里在穆塔茲的房間裡過夜，安慰他。此外，在巴希姆回歸賽場的漫長旅程中，每當他感到失落和孤獨時，被巴希姆稱為「吉寶」的吉安馬科，就會鼓勵他，並拉他一把。[203]

*

這個故事並沒有到此結束。幾年後，在東京那個溫暖的夜晚，坦貝里並不是唯一一個獲得男子跳高金牌的人。這是自一九一二年以來第一次，奧運頒發了聯合金牌，另一位得獎者就是穆塔茲・巴希姆。

兩位選手參加完比賽後，他們以二點三七公尺打成了平手，而他們問官方，他們可不可以共享金牌，而不是再單挑一次。答案是可以的，而剩下的就不必多說了。共享金牌背後的動機並不是害怕輸給對方（他們喜歡競爭），而是因為他們不想看到朋友和訓練夥伴輸掉比賽和經歷失望。

不可思議的是，正是因為透過向對方展露他們最深的弱點，這兩位選手才找到了他們內在的力量和最終的成功。儘管他們的友誼是在他們一生中最痛苦、最艱難的時候建立起來的，但在東京奧運上，他們卻得到了一生只有一次的機會，可以一起慶祝最美好的時光——共同實現夢想，沒有輸家，只有冠軍，無論是在賽場上，還是在生活中。

根據穆塔茲的說法：「他是我最好的朋友。不僅是在賽場上，在賽場外也是。我們幾乎總是待在一起。我們的夢想成真了。這才是真正的精神，運動家的精神，我們在這裡，就是要傳遞這個訊息。」

他接著說：「我們一起經歷了很多事，我們受過同樣的傷，我們知道要回到這個水準，需要花多少身心的力量。我感謝他所做的一切，他也感謝我所做的一切。這太不可思思了。」

奧運的座右銘「更高、更快、更強」，在二〇二一年被改寫了，加入了「一起」，就是受到這歷史性的一刻啟發。

＊

弗萊徹和薩卡的奧運研究發現，各種社交因素所帶來的社會支持，是壓力—韌性—表現關係鏈的基礎。換句話說，奧運冠軍們知道，沒有支持，他們就無法成功管理壓力和克服挑戰，更不用說取得卓越的成績了。他們比其他任何人都清楚，韌性並不只有一部分是取決於他人的支持，而是完全。

對許多人來說，這也是讓新冠病毒變得如此難以忍受的原因。在我們最需要彼此的時候，我們卻被封鎖、孤立，不得不遠離朋友、同事、隊友和家人，全世界的人都因此而受到韌性的損害。有些人可能認為，手機、虛擬平台、社群軟體和其他方式，都可以維持我們的連結和感情關係，但我們應該都會同意，虛擬的溝通，並沒有有同樣振奮人心和支持的效果。有很大一部分的原因是，這樣的溝通是非語言的。眼神交流、觸碰、肢體語言、面部表情和語氣，都有助於我們與他人產生連結，和獲得他人的支持。

如果四年前，穆塔茲・巴希姆沒有堅持不懈、進到坦貝里的飯店房間，如果坦貝里不敞開心扉，暴露他的恐懼、不安全感和感情上的痛苦，這個不可思議的成果（兩個朋友共享奧運金牌）就永遠不會發生了。

我們都有停下來反思自己的成功和成就的時刻。這可能會是工作、運動、身材、創意成就或更個人的事。我們通常會把自己的成功歸因於個人的特質或環境條件，例如職業道德、熱情、紀律、雄心壯志，或者是時機。但是，如果你想要更深入地探索幫助你成功的環境，那麼稍微往更下面的原因看去，你可能會驚訝地發現，所有的成功和成就，都可以歸功於他人的支持和引導。

在我的人生旅途中，這再真實不過了。雖然我一直很有野心，工作也非常努力，也一直樂意在這個過程中做出很多犧牲，但我所有的成功都是因為他人。在我不相信自己的時候，我生命中有些人相信我。當我害怕採取行動時，有人推著我、強迫我成長。有些人在我覺得自己不值得的時候提拔了我，鼓勵了我。最後，也不時有人從我的道路上移除各種障礙。這些人是我的老師、朋友、教練、導師，當然還有我優秀的妻子，她是所有人之中最偉大的。我的經歷並不獨特，它是所有人類都可以擁有的，也是奧運冠軍知道、並認真培養的資源。

■信任會放大支持的價值

儘管社會支持是韌性發展和提升的核心動力，但奧運研究顯示，為了有效減少逆境造成的影響，這種支持，必須是來自值得信賴和尊重的來源。換句話說，信任是社會支持的基礎，因此也是韌性的基礎。

《牛津英語詞典》對信任的定義是：

動詞：對某人有信心；相信某人是善良、真誠、誠實的等。

全球公關公司愛德曼是信任界的世界權威。他們與各大企業和世界頂級組織合作，發展、推廣和保護他們的品牌和名聲。二十多年來，愛德曼一直在研究信任的動態轉變，也充分理解信任是怎麼定義一個人、團隊和組織的經營、領導與成功的。信任才是終極的貨幣，不僅對韌性而言是如此，在所有關係中都是如此。

根據愛德曼的說法，信任是基於兩個衡量標準——能力（例如能夠把事情完成）

和道德（做正確的事）。有趣的是，比起能力，信任對道德的依賴反而高出三倍[204]。這代表，為了使支持能夠真正轉化成韌性，它就需要來自可靠、以目標為導向，而且具有最高誠信等級的來源。與此同時，我們自己也要能夠接受他人的支持。

＊

我們已經知道，信任的神經生物學基礎是神經肽催產素，這代表，如果我們希望能更成功地將社會支持轉化為個人的人性，促進這個系統內的穩定性就很重要，特別是有 OXTR 基因變異的人。關於這方面的更多詳細資訊，請參閱本書的第二部分。

章節小結

- 來自各種社會因素的社會支持，是奧運冠軍和菁英運動員的壓力、韌性、表現關係鏈的基礎。
- 我們許多（如果不說是全部的話）最大的成就和成功中，都要歸功於其他人對我們人生的貢獻。

- 在促進韌性、身心健康和成功這方面，沒有任何事能代替人與人的連結和關懷。
- 為了促進韌性，支持必須來自值得信賴和尊重的來源。
- 信任是社會支持的基礎，因此也是韌性的基礎。
- 信任是所有關係的最終貨幣。
- 信任基於兩個衡量標準：能力和道德。
- 為了促進韌性，信任需要來自可靠、以目標為導向，而且以最高誠信水準生活的人和／或團體。

你擁有冠軍心態嗎？

■奧運金牌測試

奧運金牌測試囊括了奧運冠軍和高效表現者的心理、社會和行為優勢。這份測試是基於幾個重要的韌性主題，主要可以分為七種類別。請把這個測試視為你的「未來成功手冊」，為你提供明確的方向，辨識你眼前的優勢，並找出潛在的漏洞。

如何依照類別解讀你的結果

得分超過八十五分的部分，就會算是韌性／超級能力。這些確定的優勢會在逆境中保護你，並確保你未來的成功。它們不應該被忽視，而是要得到培養和不斷的發展。它們也會是你對周圍世界貢獻最大、最多的領域。

相反地，如果你在某個類別中得分低於五十五分，這代表你在這個領域中存在漏洞。這樣的領域就必須慢慢處理、以過程為主，透過書中提供鉅細彌遺的方法來改善。例如，如果你在心態類的得分較低，為了在這個領域中更加成長，你就需要透過書中列出的許多活動，包括日常運動、冷療、喝綠茶、定期冥想等，大量支持多巴胺能系統。與此同時，我們所面臨的挑戰也不該被視為一種限制，而該被視為學習新技能、尋求他人建議（有時即使那不是我們想聽到的）和加倍努力的提醒（如果不是機會的話）。

你該知道的是，這確實需要你的時間、練習和重複，所以在開始這趟韌性之旅，或是其他需要發展新技能和增強舊技能的旅程時，請對自己好一點。

如何解讀整體的評估

這項評分的最高分是一百分。

得分

我有奧運冠軍的心態：八十五至一百零二分

我正在前往個人奧運金牌的路上：七十至八十四分

我有韌性，但還一些部分要努力：五十五至六十九分

我還沒有達到那個高度：零至五十四分

心態	是的，非常（3分）	有時（2分）	很少（1分）	從不（0分）
即使面對長期的壓力和挑戰，你是否仍然設定和追求短期與中期的個人目標／願望？				
你有沒有練習視覺化的能力（描繪未來的現實，最佳情況、最壞情況和最可能的情況）？				
你能分辨、控制和調節你的壓力反應嗎？				
分類得分				／18分
正向人格	是的，非常（3分）	有時（2分）	很少（1分）	從不（0分）
你在生活的哪個領域中活躍和／或外向嗎？				
你能看到對其他人來說並不是顯而易見的可能性嗎？				
你會不會試圖理解事件背後更深層的含義／概念？				
你有沒有努力做好準備、並做事前計劃？				
你有沒有努力持續地自我完善和個人成長？				
在困難的情況下，你會努力做正確的事嗎？				
你會形容自己擅長解讀事件和情況，對變化抱持開放態度，又以行動為導向嗎？				
你有積極尋找人生中的新機會嗎？				
分類得分				／24分

（續下頁）

（續上頁）

動機	是的，非常（3分）	有時（2分）	很少（1分）	從不（0分）
在你的工作或主要追求中，你有沒有因為想實現目標、對你所做的事情充滿熱情和／或想要做到最好而有充滿動力？				
面對逆境和挑戰時，你能保持動力嗎？				
你能在日常生活中找到靈感嗎？				
分類得分				／9分
信心	是的，非常（3分）	有時（2分）	很少（1分）	從不（0分）
即使在經歷自我懷疑的時刻，你能不夠在連續的失敗和／或挫折中，保持內在的信心？				
信心較低落時，你的預設反應是以下的其中一種嗎：加緊努力和準備、深入自我探索，或開始回憶過去的成功和成就？				
你有強大的社會和情感支持結構嗎？				
分類得分				／9分
專注力	是的，非常（3分）	有時（2分）	很少（1分）	從不（0分）
在充滿壓力的時期，你能夠有建設性地引導你的注意力嗎？（例如，控制你集中注意力的地方？）				
遇到困難時，你能不能切割外在事件、以及其他人在做什麼和說什麼？				

有壓力時，你能不能創造自己不專注的機會，讓你在一天／一週內抽出時間做一些愉快的事情？				
分類得分				／9 分
支持	是的，非常（3分）	有時（2分）	很少（1分）	從不（0分）
你覺得你有好朋友和強大的情感支持結構嗎？				
你覺得你在個人或職業生涯中，有良好的工具支援（也就是實際幫助）嗎？				
在你的個人生活中，你有信任和尊重的人嗎？				
在你的職業生涯中，有信任和尊重的人嗎？				
其他人在你的生活中扮演著重要的角色嗎？				
你有定期進行有氧運動、冥想、瑜伽或慈善工作嗎？				
你有沒有接受定期治療（物理或心理）和／或服用槲皮素、維生素 D 和 C 以及鎂等補充劑？				
分類得分				／21 分
總得分				／102 分

結論

寫這本書對我來說是一趟非常個人的旅程。我得重溫自己正向和負面的各種經歷，並深刻反思我到目前為止的人生旅程。我的願望是，（至少）有一段時間，你作為讀者，能夠從這本書的資訊、概念、主題、故事或對話產生某種有意義的連結，並帶來一點改變。

除了少數例外，我們都經歷過某種程度的掙扎、艱難、失敗、挑戰、痛苦和悲傷。對某些人來說，這是在我們的童年時期，而對另一些人來說，則是在人生中更晚一點的時期。但是對大多數人來說，我們的挑戰是一直持續下去的，迫使我們日復一日地消耗大量情感、心理、甚至身體資源。

我們許多人面臨的衝突是，人們不僅不斷期望我們能夠越過障礙、把自己從谷底拉出來、在反覆被擊倒後站起來，還期望我們在途中找到人生的意義和目的。為了要體驗成就感、幸福感和喜悅，我們需要感到受人重視、我們被人需要，或者在我們身處的領域中成為獨一無二的存在。

韌性是挑戰與潛力、潛力與表現、以及表現與成功之間的終極橋樑。這就是為什麼《逆境反彈》是一個理想的資源，能為自我實現提供必要的技能。

*

這本書的第一部分，傳達了希望和轉變的訊息。希望有一個更美好的未來。希望我們都被賦予非凡的天賦和能力。希望讀者能理解，我們在這個世界上有一個獨特的使命。希望我們最強烈的恐懼和不安全感，最終都會被自信和更高的目標所取代。希望即使我們感覺失去了一切、我們已經跌落谷底了，我們的夢想仍然可以實現——因為永遠不嫌晚。

這本書的第二部分，則透過神經科學的角度來研究韌性。作為讀者，我將你帶入韌性和人類潛能的生物、遺傳、行為和環境驅動力之中。這是一套複雜的系統，有許多部分和層次，以及相互依存和相互關聯的關係。越理解這些因素，我們就越能採取最合適的行為、過程和理想的習慣，無論我們身處哪一種情況，都能為自己創造想要的現實。透過大量的研究，這個部分也能夠提供客觀和清晰的見解，幫助我們更理解我們過去的經歷和創傷，並給眼前的掙扎一些背景知識。知識、理解和操作步驟的組合效果，使我們能夠有意識地選擇未來的道路和人生的最終目的地。

這本書的第三部分，則為我們提供了一個絕佳的窗口，讓我們理解定義了世界上許多最有成就和代表性運動員的心態、行為和態度。透過這個角度，我們便能夠在韌性的達成中，得到關於行動的科學解釋。二〇〇一年時，我親自踏入了這個不可思議的世界。我的目標是使他們更快、更強大、更有力量、更能對抗傷害，好提升這些才華橫溢的傑出人才的職業生涯和表現。不可思議的是，我的職業生活變成了二十年的人類韌性大師班。透過這次的旅程，我改變了自己，拋棄了過去許多的心理和情感拘束，並帶著「我辦得到」的確信走向未來。對我們來說，要我們從各方面都超越人類能力極限的人那裡吸收教訓和靈感，似乎有點太抽象了。但是事實上，他們和我們沒有那麼大的差別，他們也有相同的掙扎、價值觀和目標。他們的故事，本質上就是我們的故事，讓他們與眾不同的是他們所得到的技能，而這些技能在他們的一生中還能不斷修正和增加。

*

我們生活在一個非常複雜、不確定又極其脆弱的時代。在持續的過度警惕、擔憂、恐懼、焦慮、沮喪和個人失敗感的狀態下生活，並不是我們的選擇，而是由幾個匯集或介入的外在因素強加給我們的。這些因素包括了新冠肺炎的後果、烏克蘭的毀滅性戰爭和第四次工業革命所帶來的社會經濟變化。

我們不是有意識地選擇充滿挑戰和逆境的人生，只有兩種人會這麼做，而職業運動員是其中之一（另一個則是菁英軍事單位）。他們刻意、有目的地選擇了充滿艱難、反覆失敗、持續挫折和不斷失望的人生。

他們會選擇這條道路，是因為它可能很艱難，但它卻可能帶來非凡的個人成長和發展、難以想像的快樂、無拘無束的熱情、興奮，以及實現個人最充分潛力的可能性——這才是終極的獎品。對菁英運動員來說，這其中的好處遠遠勝過需要克服的劣勢和障礙。為了在他們選擇的道路上獲得成功，菁英運動員必須從小就學習許多韌性技能，而大多數人或許會覺得這些技能太過沉重。就像他們的運動能力一樣，這些技能最終會在跑道、軟墊、球場、冰場、坡道和一般的生活中，讓他們與眾不同。

運動員需要和培養的技能，與執行主管、銀行家、律師、醫生、藝術家、學者、音樂家、開發人員和工程師等高表現者所需的技能是一樣的。他們與奧運冠軍沒什麼不同，因為他們也決定增加他們暴露在壓力、逆境、複雜和反覆挫折中的時間。這些韌性技能，在人生的各個領域無處不在，並連結著看似脫節的世界。

運動冠軍是人類韌性的最佳典範，因此也是引領我們穿越歷史上這一刻的風景的最佳導師。他們這群人，無論從字面上、或是精神上來說，一生都在為壓力和逆境而訓練。

除了第三部分中的許多故事、教訓和自我探索外，我們也學到，透過刻意的努力，我們便可以更有效地利用我們現有的優勢。與此同時，我們還能夠控制我們在任何特定情況下的思考、感受和行動方式——選擇在我們手中，一直都是。此外，我們都有潛力將我們感知到的弱點和最大的脆弱之處，構建成我們的戰略武器，這能幫助我們克服幾乎任何挑戰，並實現我們為自己設定的人生目標。

這三個部分匯聚在一起，便提供了一個強大的韌性框架。就各方面來說，這是一本遊戲手冊，可以在我們質疑自己價值的可怕時刻，以及我們想超越自己期望的時刻支持我們。

從各方面來說，我們的生活就像是我們自己的個人奧運。我們都有希望和抱負，我們努力工作，我們盡心投入，而在大多數情況下，我們也取得了一定程度的成功。與此同時，我們也經常跌倒，讓自己和他人失望，並感到心痛和深深的失望。

但是，正是透過這些成功和失敗，我們才有機會站在人生的講臺上，拿著我們最獨特、最深刻的個人「金牌」。為了讓夢想成為現實，我們可以從那些激勵了我們一個多世紀的人身上汲取靈感——奧運選手！讓我們一起努力，更快地適應，提升自我，在精神上和身體上變得更強大，最後，讓我們攜手向前。這樣一來，我們的夢想，唯一的問題就是它可能還不夠大而已了。

後記

感謝五位傑出的女性——雪莉．李維、凱倫．羅斯巴特、莎拉．泰勒、雪娜．克羅斯和塔瑪．布洛赫——沒有任何語言能讓我表達你們為我和我的家人所做的一切。我感激不盡。你們每個人都塑造和改變了人們的生活；你們對世界的所有貢獻，是無法估量的。

我還要感謝我的祖母愛達，她在二〇二二年度過了她的九十九歲生日。在沒有人支持我的時候，你站在我身邊，在我最需要的時候陪伴我——這本書和我的旅程，就是你的見證。還有我的母親，她一直都是希望和樂觀的化身。

致我的岳父和岳母莫里斯和珍妮佛．凱茲，他們幫助我從不同的角度看待世界；你們向家人所展現的奉獻、承諾和愛，就是最鼓舞人心的榜樣。

致我出色的編輯珍．鮑曼——感謝你為這本書所做的一切，使它富有生命。我很感激你能成為我團隊的一員。

最後，感謝我的喜悅、熱情和意義——蓋比、艾薩克、喬希和納瓦。就很多方面而言，我的成長就反映了你們所創造的環境。一個充滿不拘熱情的家（目前是對超級英雄的熱情）、富有感染力的笑聲、興奮、無止盡的遊戲、燦爛的笑容、溫暖的擁抱、無條件的支持、關懷、連結和愛。

作者簡介

理查・薩頓是 SuttonHealth 的創始人，和 The Performance Code 的執行長，負責管理國際商業健康與表現諮詢公司。

作為這個領域的專家，理查與世界各地的執行長、主管團隊和公司合作，推動有效的壓力管理、韌性促進和表現提升的模型。

理查在職業運動領域擁有二十多年的經驗，曾與頂級網球選手、獲獎的奧運隊伍和無數運動員合作，使他成為提供表現、韌性和適應力建議的產業領導者。

他對人類表現、潛力和韌性的基因遺傳特別感興趣。理查是 DNA 韌性組合的聯合開發商，這是一份基因測試，涵蓋了十三個最具影響力的基因，這些基因是自我掌握和個人成就的關鍵。

理查是暢銷書《壓力密碼：從生存到茁壯》的作者，也是壓力密碼應用程式的開發商。這是一個非常創新的身心健康工具，目標是分析和量化特定的壓力和韌性能力。

理查對科學充滿了熱情，在人類表現、潛力、疼痛管理、健康和運動發展等領域，擔任了二十年的研究所講師。他的第二本書《抗壓：遊戲計劃》（暫譯）於二〇二一年出版，為在專業領域面臨壓力和健康挑戰的經理、主管和決策者，提供了細緻的系統和流程。

理查目前和家人住在開普敦，儘管他的客戶和諮詢工作，時常把他帶往世界各地。

註解

1 https://www.cdc.gov/ncbddd/actearly/milestones/milestones-3yr.html
2 Criscuolo, Antonio, et al. 'On the Association Between Musical Training, Intelligence and Executive Functions in Adulthood'. *Frontiers in Psychology* 10 (2019): 1704.
3 Isaacson, Walter. Einstein: *His Life and Universe*. Simon & Schuster, 2007.
4 Grant, Adam. Originals: *How Non-conformists Move the World*. Penguin, 2017.
5 Galatzer-Levy, Isaac R., Sandy H. Huang, and George A. Bonanno. 'Trajectories of resilience and dysfunction following potential trauma: A review and statistical evaluation'. *Clinical Psychology Review* 63 (2018): 41–55.
6 Sutton, Richard. *Stressproof: The Game Plan*. Pan Macmillan, 2021.
7 Mestre, José M., et al. 'Emotion regulation ability and resilience in a sample of adolescents from a suburban area'. *Frontiers in Psychology* 8 (2017): 1980.
8 Malhi, Gin S., et al. 'Modelling resilience in adolescence and adversity: A novel

framework to inform research and practice'. Translational Psychiatry 9.1 (2019): 1–16.

9 Oshio, Atsushi, et al. 'Resilience and Big Five personality traits: A meta-analysis'. *Personality and Individual Differences* 127 (2018): 54–60.

10 Ho, B-C., et al. 'Catechol-o-methyl transferase Val158Met gene polymorphism in schizophrenia: Working memory, frontal lobe MRI morphology and frontal cerebral blood flow'. *Molecular Psychiatry* 10.3 (2005): 287–298.

11 Bozek, Tomislav, et al. 'The influence of dopamine-beta-hydroxylase and catechol o-methyltransferase gene polymorphism on the efficacy of insulin detemir therapy in patients with type 2 diabetes mellitus'. *Diabetology & Metabolic Syndrome* 9.1 (2017): 1–11.

12 Darbre, Philippa D. 'The history of endocrine-disrupting chemicals'. *Current Opinion in Endocrine and Metabolic Research* 7 (2019): 26–33.

13 Sagone, Elisabetta, and Maria Elvira De Caroli. 'Positive personality as a predictor of high resilience in adolescence'. *Journal of Psychology and Behavioral Science* 3.2 (2015): 45–53.

14 Latsko, Maeson S., et al. 'A novel interaction between tryptophan hydroxylase 2 (TPH2) gene polymorphism (rs4570625) and BDNF Val66Met predicts a high-risk emotional phenotype in healthy subjects'. *PLoS One* 11.10 (2016): e0162585.

15 Belsky, Jay, and Sarah Hartman. 'Gene-environment interaction in evolutionary perspective: Differential susceptibility to environmental influences'. *World Psychiatry* 13.1 (2014): 87.

16 Lesch, Klaus-Peter, et al. 'Association of anxiety-related traits with a polymorphism in the serotonin transporter gene regulatory region'. *Science* 274.5292 (1996): 1527–1531.

17 Ptáček, Radek, Hana Kuželová, and George B. Stefano. 'Dopamine D4 receptor gene DRD4 and its association with psychiatric disorders'. *Medical Science Monitor: International Medical Journal of Experimental and Clinical Research* 17.9 (2011): RA215.

18 Belsky, Jay, and Michael Pluess. 'Beyond risk, resilience, and dysregulation: Phenotypic plasticity and human development'. *Development and Psychopathology* 25.4pt2 (2013): 1243–1261.

19 Green, Jennifer Greif, et al. 'Childhood adversities and adult psychiatric disorders in the national comorbidity survey replication I: Associations with first onset of DSM-IV disorders'. *Archives of General Psychiatry* 67.2 (2010): 113–123.

20 Kidman, Rachel, Luciane R. Piccolo, and Hans-Peter Kohler. 'Adverse Childhood Experiences: Prevalence and Association with Adolescent Health in Malawi'. *American Journal of Preventive Medicine* 58.2 (2020): 285–293.

21 Soares, Ana Luiza Gonçalves, et al. 'Adverse childhood experiences: Prevalence and related factors in adolescents of a Brazilian birth cohort'. *Child Abuse & Neglect* 51 (2016): 21–30.

22 Stambaugh, Leyla F., et al. 'Prevalence of serious mental illness among parents in the United States: Results from the National Survey of Drug Use and Health, 2008–2014'. *Annals of Epidemiology* 27.3 (2017): 222–224.

23 exposure and psychopathology: A transdiagnostic model of risk and resilience'. *BMC Medicine* 18.1 (2020): 1–11.

24 Chen, Edith, et al. 'Association of reports of childhood abuse and all-cause mortality rates in women'. *JAMA Psychiatry* 73.9 (2016): 920–927.

25 Kessler, Ronald C., et al. 'Childhood adversities and adult psychopathology in the WHO World Mental Health Surveys'. *The British Journal of Psychiatry* 197.5 (2010): 378–385.

26 Kuhlman, Kate Ryan, et al. 'Developmental psychoneuroendocrine and psychoneuroimmune pathways from childhood adversity to disease'. *Neuroscience and Biobehavioral Reviews* 80 (2017): 166–184.

27 Sutton, Richard. Stressproof: *The Game Plan*. Pan Macmillan 2021.

28 Sutton, Richard. *The Stress Code: From Surviving to Thriving*. Pan Macmillan 2018.

29 https://www.gallup.com/workplace/349484/state-of-the-global-workplace.aspx

30 Bolsinger, Julia, et al. 'Neuroimaging correlates of resilience to traumatic events: A comprehensive review'. *Frontiers in Psychiatry* 9 (2018): 693.

31 Nave, Gideon, et al. 'Are bigger brains smarter? Evidence from a large-scale preregistered study'. *Psychological Science* 30.1 (2019): 43–54.

32 Ansell, Emily B., et al. 'Cumulative adversity and smaller gray matter volume in medial prefrontal, anterior cingulate, and insula regions'. *Biological Psychiatry* 72.1 (2012): 57–64.

33 Chetty, Sundari, et al. 'Stress and glucocorticoids promote oligodendrogenesis in the adult hippocampus'. *Molecular Psychiatry* 19.12 (2014): 1275.

34 Stark, Ken D., et al. 'Global survey of the Omega-3 fatty acids, docosahexaenoic acid and eicosapentaenoic acid in the blood stream of healthy adults'. *Progress in Lipid Research* 63 (2016): 132–152.

35 Delarue, J.O.C.P., et al. 'Fish oil prevents the adrenal activation elicited by mental stress in healthy men'. *Diabetes & Metabolism* 29.3 (2003): 289–95.

36 Pusceddu, M.M., et al. 'The Omega-3 polyunsaturated fatty acid docosahexaenoic acid (DHA) reverses corticosterone-induced changes in cortical neurons'. *International Journal of*

Neuropsychopharmacology 19.6 (2016): pyv130.

37 Witte, V.A., et al. 'Long-chain Omega-3 fatty acids improve brain function and structure in older adults'. *Cerebral Cortex* (2013): bht163.

38 Wu, Aiguo, Zhe Ying, and Fernando Gomez-Pinilla. 'Docosahexaenoic acid dietary supplementation enhances the effects of exercise on synaptic plasticity and cognition'. *Neuroscience* 155.3 (2008): 751–759.

39 EFSA Panel on Dietetic Products, Nutrition and Allergies (NDA). 'Scientific opinion on the tolerable upper intake level of eicosapentaenoic acid (EPA), docosahexaenoic acid (DHA) and docosapentaenoic acid (DPA)'. *EFSA Journal* 10.7 (2012): 2815.

40 https://ods.od.nih.gov/factsheets/Omega3FattyAcids-HealthProfessional/#en30

41 Lane, Katie, et al. 'Bioavailability and potential uses of vegetarian sources of Omega-3 fatty acids: A review of the literature'. *Critical Reviews in Food Science and Nutrition* 54.5 (2014): 572–579.

42 Ginty, Annie T., and Sarah M. Conklin. 'Short-term supplementation of acute longchain Omega-3 polyunsaturated fatty acids may alter depression status and decrease symptomology among young adults with depression: A preliminary randomized and placebo controlled

trial'. *Psychiatry Research* 229.1–2 (2015): 485–489.

43 Kiecolt-Glaser, Janice K., et al. 'Omega-3 supplementation lowers inflammation and anxiety in medical students: A randomized controlled trial'. *Brain, Behavior, and Immunity* 25.8 (2011): 1725–1734.

44 Fox, Kieran CR, et al. 'Is meditation associated with altered brain structure? A systematic review and meta-analysis of morphometric neuroimaging in meditation practitioners'. *Neuroscience & Biobehavioral Reviews* 43 (2014): 48–73.

45 Dodich, Alessandra, et al. 'Short-term Sahaja Yoga meditation training modulates brain structure and spontaneous activity in the executive control network'. *Brain and Behavior* 9.1 (2019): e01159.

46 Tang, Yi-Yuan, et al. 'Brief mental training reorganizes large-scale brain networks'. *Frontiers in Systems Neuroscience* 11 (2017): 6.

47 Tang, Yi-Yuan, et al. 'Brief mental training reorganizes large-scale brain networks'. *Frontiers in Systems Neuroscience* 12.4 (2008): 163–169.

48 Bellosta-Batalla, Miguel, et al. 'Increased salivary oxytocin and empathy in students of clinical and health psychology after a mindfulness and compassion-based intervention'.

Mindfulness (2020): 1–12.

49 Fox, K.C.R., et al. 'Functional neuroanatomy of meditation: A review and meta-analysis of 78 functional neuroimaging investigations'. *Neuroscience & Biobehavioral Reviews* 65 (2016): 208–228.

50 Black, D.S., et al. 'Yogic meditation reverses NF-κB and IRF-related transcriptome dynamics in leukocytes of family dementia caregivers in a randomized controlled trial'. *Psychoneuroendocrinology* 38.3 (2013): 348–355.

51 Basso, Julia C., et al. 'Brief, daily meditation enhances attention, memory, mood, and emotional regulation in non-experienced meditators'. *Behavioural Brain Research* 356 (2019): 208–220.

52 Aldao, Amelia, Susan Nolen-Hoeksema, and Susanne Schweizer. 'Emotion-regulation strategies across psychopathology: A meta-analytic review'. *Clinical Psychology Review* 30.2(2010): 217–237.

53 Grenell, Amanda, et al. 'Individual differences in the effectiveness of self-distancing for young children's emotion regulation'. *British Journal of Developmental Psychology* 37.1 (2019): 84–100.

54 Nook, Erik C., Jessica L. Schleider, and Leah H. Somerville. 'A linguistic signature of psychological distancing in emotion regulation.' *Journal of Experimental Psychology: General* 146.3 (2017): 337.

55 Tartar, Jaime L., et al. 'The "warrior" COMT Val/Met genotype occurs in greater frequencies in mixed martial arts fighters relative to controls'. *Journal of Sports Science & Medicine* 19.1 (2020): 38.

56 Keers, Robert, and Katherine J. Aitchison. 'Pharmacogenetics of antidepressant response'. *Expert Review of Neurotherapeutics* 11.1 (2011): 101–125.

57 Crum, Alia J., et al. 'Catechol-o-methyltransferase moderates effect of stress mindset on affect and cognition'. *PLoS One* 13.4 (2018): e0195883.

58 Maul, Stephan, et al. 'Genetics of resilience: Implications from genome-wide association studies and candidate genes of the stress response system in posttraumatic stress disorder and depression'. *American Journal of Medical Genetics Part B: Neuropsychiatric Genetics* 183.2 (2020): 77–94.

59 Carneiro, Lara SF, et al. 'Impact of physical exercise on catechol-o-methyltransferase activity in depressive patients: A preliminary communication'. *Journal of Affective Disorders* 193

(2016): 117–122.

60 Dethe, Shekhar, M. Deepak, and Amit Agarwal. 'Elucidation of molecular mechanism(s) of cognition enhancing activity of Bacomind®: A standardized extract of Bacopa monnieri'. *Pharmacognosy Magazine* 12.Suppl 4 (2016): S482.

61 https://examine.com/supplements/bacopa-monnieri/#how-to-take

62 Dube, Shanta R., et al. 'Cumulative childhood stress and autoimmune diseases in adults'. *Psychosomatic Medicine* 71.2 (2009): 243.

63 Thomas, C., Hyppönen, E., and Power, C. (2008). 'Obesity and type 2 diabetes risk in midadult life: The role of childhood adversity'. *Pediatrics*, 121, e1240–e1249.

64 Slopen, Natalie, Karestan C. Koenen, and Laura D. Kubzansky. 'Childhood adversity and immune and inflammatory biomarkers associated with cardiovascular risk in youth: A systematic review'. *Brain, Behavior, and Immunity* 26.2 (2012): 239–250.

65 Ridout, Kathryn K., et al. 'Early life adversity and telomere length: A meta-analysis'. *Molecular Psychiatry* 23.4 (2018): 858–871.

66 Green, Jennifer Greif, et al. 'Childhood adversities and adult psychiatric disorders in the national comorbidity survey replication I: Associations with first onset of DSM-IV

disorders'. *Archives of General Psychiatry* 67.2 (2010): 113–123.

67 Gunnar, Megan R., and Camelia E. Hostinar. 'The social buffering of the hypothalamic–pituitary–adrenocortical axis in humans: Developmental and experiential determinants'. *Social Neuroscience* 10.5 (2015): 479–488.

68 Hostinar, Camelia E., and Megan R. Gunnar. 'Social support can buffer against stress and shape brain activity'. *AJOB Neuroscience* 6.3 (2015): 34–42.

69 https://www.ipsos.com/en/loneliness-increase-worldwide-increase-local-community-support

70 Surkalim, Daniel L., et al. 'The prevalence of loneliness across 113 countries: Systematic review and meta-analysis'. *BMJ* 376 (2022).

71 Brown, Kirk Warren, Netta Weinstein, and J. David Creswell. 'Trait mindfulness modulates neuroendocrine and affective responses to social evaluative threat'. *Psychoneuroendocrinology* 37.12 (2012): 2037–2041.

72 Creswell, J. David, and Emily K. Lindsay. 'How does mindfulness training affect health? A mindfulness stress buffering account'. *Current Directions in Psychological Science* 23.6 (2014): 401–407.

73 Taren, Adrienne A., J. David Creswell, and Peter J. Gianaros. 'Dispositional Mindfulness

Co-Varies with Smaller Amygdala and Caudate Volumes in Community Adults'. *PLoS One* 8.5 (2013): e64574.

74 Carter, C. Sue, et al. 'Is oxytocin "nature's medicine"?' *Pharmacological Reviews* 72.4 (2020): 829–861.

75 Quintana, Daniel S., and Adam J. Guastella. 'An allostatic theory of oxytocin'. *Trends in Cognitive Sciences* 24.7 (2020): 515–528.

76 Sobota, Rosanna, et al. 'Oxytocin reduces amygdala activity, increases social interactions, and reduces anxiety-like behavior irrespective of NMDAR antagonism'. *Behavioral Neuroscience* 129.4 (2015): 389.

77 Linnen, Anne-Marie, et al. 'Intranasal oxytocin and salivary cortisol concentrations during social rejection in university students'. *Stress* 15.4 (2012): 393–402.

78 Kemp, Andrew H., et al. 'Oxytocin increases heart rate variability in humans at rest: Implications for social approach-related motivation and capacity for social engagement'. *PLoS One* 7.8 (2012): e44014.

79 Kirsch, Peter, et al. 'Oxytocin modulates neural circuitry for social cognition and fear in humans'. *Journal of Neuroscience* 25.49 (2005): 11489–11493.

80 Sripada, Chandra Sekhar, et al. 'Oxytocin enhances resting-state connectivity between amygdala and medial frontal cortex'. *International journal of neuropsychopharmacology* 16.2 (2013): 255–260.

81 Tarko, Adam, et al. 'Effects of benzene, quercetin, and their combination on porcine ovarian cell proliferation, apoptosis, and hormone release'. *Archives Animal Breeding* 62.1 (2019): 345–351.

82 https://examine.com/supplements/quercetin/

83 Kaviani, Mina, et al. 'Effects of vitamin D supplementation on depression and some involved neurotransmitters'. *Journal of Affective Disorders* 269 (2020): 28–35.

84 https://examine.com/supplements/vitamin-d/

85 Poutahidis, Theofilos, et al. 'Microbial symbionts accelerate wound healing via the neuropeptide hormone oxytocin'. *PLoS One* 8.10 (2013): e78898.

86 https:/examine.com/supplements/lactobacillus-reuteri/

87 Kim, Yong-Ku, and Eunsoo Won. 'The influence of stress on neuroinflammation and alterations in brain structure and function in major depressive disorder'. *Behavioural Brain Research* 329 (2017): 6–11.

88 Menard, Caroline, et al. 'Social stress induces neurovascular pathology promoting depression'. *Nature Neuroscience* 20.12 (2017): 1752–1760.

89 Troubat, Romain, et al. 'Neuroinflammation and depression: A review'. *European Journal of Neuroscience* 53.1 (2021): 151–171.

90 Strasser, Barbara, et al. 'Mechanisms of inflammation-associated depression: Immune influences on tryptophan and phenylalanine metabolisms'. *Inflammation-Associated Depression: Evidence, Mechanisms and Implications* (2016): 95–115.

91 Howard, Emily E., et al. 'Divergent roles of inflammation in skeletal muscle recovery from injury'. *Frontiers in Physiology* 11 (2020): 87.

92 Dantzer, Robert, et al. 'From inflammation to sickness and depression: When the immune system subjugates the brain'. *Nature Reviews Neuroscience* 9.1 (2008): 46–56.

93 Beurel, Eléonore, Marisa Toups, and Charles B. Nemeroff. 'The bidirectional relationship of depression and inflammation: Double trouble'. *Neuron* 107.2 (2020): 234–256.

94 Passos, Ives Cavalcante, et al. 'Inflammatory markers in post-traumatic stress disorder: A systematic review, meta-analysis, and meta-regression'. *The Lancet Psychiatry* 2.11 (2015): 1002–1012.

95 https://www.mayoclinic.org/diseases-conditions/post-traumatic-stress-disorder/symptoms-causes/syc-20355967

96 Michopoulos, Vasiliki, et al. 'Inflammation in fear-and anxiety-based disorders: PTSD, GAD, and beyond'. *Neuropsychopharmacology* 42.1 (2017): 254–270.

97 Imai, Risa, et al. 'Relationships of blood proinflammatory markers with psychological resilience and quality of life in civilian women with posttraumatic stress disorder'. *Scientific Reports* 9.1 (2019): 1–10.

98 Imai, Risa, et al. 'Relationships of blood proinflammatory markers with psychological resilience and quality of life in civilian women with posttraumatic stress disorder'. *Scientific Reports* 9.1 (2019): 1–10.

99 Schetter, Christine Dunkel, and Christyn Dolbier. 'Resilience in the context of chronic stress and health in adults'. *Social and Personality Psychology Compass* 5.9 (2011): 634–652.

100 Elliot, Ari J., et al. 'Associations of lifetime trauma and chronic stress with c-reactive protein in adults ages 50 years and older: Examining the moderating role of perceived control'. *Psychosomatic Medicine* 79.6 (2017): 622–630.

101 Veenhoven, Ruut. 'Healthy happiness: Effects of happiness on physical health and the

consequences for preventive health care'. *Journal of Happiness Studies* 9.3 (2008): 449–469.

102 Pressman, Sarah D., Matthew W. Gallagher, and Shane J. Lopez. 'Is the emotion-health connection a "first-world problem" ?' *Psychological Science* 24.4 (2013): 544–549.

103 Dantzer, Robert, et al. 'Resilience and immunity'. *Brain, Behavior, and Immunity* 74 (2018): 28–42.

104 Roy, Brita, et al. 'Association of optimism and pessimism with inflammation and hemostasis in the Multi-Ethnic Study of Atherosclerosis (MESA)'. *Psychosomatic Medicine* 72.2 (2010): 134.

105 Giltay, Erik J., et al. 'Lifestyle and dietary correlates of dispositional optimism in men: The Zutphen Elderly Study'. *Journal of Psychosomatic Research* 63.5 (2007): 483–490.

106 Rozanski, Alan, and Laura D. Kubzansky. 'Psychologic functioning and physical health: A paradigm of flexibility'. *Psychosomatic Medicine* 67 (2005): S47–S53.

107 Saphire-Bernstein, Shimon, et al. 'Oxytocin receptor gene (OXTR) is related to psychological resources'. *Proceedings of the National Academy of Sciences* 108.37 (2011): 15118–15122.

108 Bell, Steven, et al. 'Ten-year alcohol consumption typologies and trajectories of

C-reactiveprotein, interleukin-6 and interleukin-1 receptor antagonist over the following 12 years: A prospective cohort study'. *Journal of Internal Medicine* 281.1 (2017): 75–85.

109 Irwin, Michael R., et al. 'Sleep deprivation and activation of morning levels of cellular and genomic markers of inflammation'. *Archives of Internal Medicine* 166.16 (2006): 1756–1762.

110 Goletzke, Janina, et al. 'Increased intake of carbohydrates from sources with a higher glycemic index and lower consumption of whole grains during puberty are prospectively associated with higher IL-6 concentrations in younger adulthood among healthy individuals'. *The Journal of Nutrition* 144.10 (2014): 1586–1593.

111 Kelly, Karen R., et al. 'A low-glycemic index diet and exercise intervention reduces TNF-α in isolated mononuclear cells of older, obese adults'. *The Journal of Nutrition* 141.6 (2011): 1089–1094.

112 Kastelein, Tegan, Rob Duffield, and Frank Marino. 'Human in situ cytokine and leukocyte responses to acute smoking'. *Journal of Immunotoxicology* 14.1 (2017): 109–115.

113 Nindl, Bradley C., et al. 'Perspectives on resilience for military readiness and preparedness: Report of an international military physiology roundtable'. *Journal of Science and Medicine*

in Sport 21.11 (2018): 1116–1124.

114 Lin, Tzu-Wei, and Yu-Min Kuo. 'Exercise benefits brain function: The monoamine connection'. *Brain Sciences* 3.1 (2013): 39–53.

115 Marquez, C.M.S., et al. 'High-intensity interval training evokes larger serum BDNF levels compared with intense continuous exercise'. *Journal of Applied Physiology* 119.12 (2015):1363–73.

116 Mee-Inta, Onanong, Zi-Wei Zhao, and Yu-Min Kuo. 'Physical exercise inhibits inflammation and microglial activation'. *Cells* 8.7 (2019): 691.

117 Calegari, Leonardo, et al. 'Exercise training improves the IL-10/TNF-α cytokine balance in the gastrocnemius of rats with heart failure'. *The Brazilian Journal of Physical Therapy* 22.2 (2018): 154–160.

118 Kim, Tammy D., Suji Lee, and Sujung Yoon. 'Inflammation in post-traumatic stress disorder (PTSD): A review of potential correlates of PTSD with a neurological perspective'. *Antioxidants* 9.2 (2020): 107.

119 Lavin, Kaleen M., et al. 'Effects of aging and lifelong aerobic exercise on basal and exercise-induced inflammation'. *Journal of Applied Physiology* 128.1 (2020): 87–99.

120 Khalafi, Mousa, Abbas Malandish, and Sara K. Rosenkranz. 'The impact of exercise training on inflammatory markers in postmenopausal women: A systemic review and meta-analysis'. *Experimental Gerontology* (2021): 111398.

121 Deemer, Sarah E., et al. 'Pilot study: An acute bout of high intensity interval exercise increases 12.5 h GH secretion'. *Physiological Reports* 6.2 (2018): e13563.

122 Franco, Celina, et al. 'Growth hormone treatment reduces abdominal visceral fat in postmenopausal women with abdominal obesity: A 12-month placebo-controlled trial'. *The Journal of Clinical Endocrinology & Metabolism* 90.3 (2005): 1466–1474.

123 Gerosa-Neto, José, et al. 'Impact of long-term high-intensity interval and moderateintensity continuous training on subclinical inflammation in overweight/obese adults'. *Journal of Exercise Rehabilitation* 12.6 (2016): 575.

124 Lira, Fabio Santos, et al. 'Short-term high-and moderate-intensity training modifies inflammatory and metabolic factors in response to acute exercise'. *Frontiers in Physiology* 8 (2017): 856.

125 Wedell-Neergaard, Anne-Sophie, et al. 'Exercise-induced changes in visceral adipose tissue mass are regulated by IL-6 signaling: A randomized controlled trial'. *Cell Metabolism* 29.4

(2019): 844–855.

126 Knaepen, Kristel, et al. 'Neuroplasticity – exercise-induced response of peripheral brainderived neurotrophic factor'. *Sports Medicine* 40.9 (2010): 765–801.

127 Saucedo Marquez, Cinthia Maria, et al. 'High-intensity interval training evokes larger serum BDNF levels compared with intense continuous exercise'. *Journal of Applied Physiology* 119.12 (2015): 1363–1373.

128 Tauler, Pedro, et al. 'Changes in salivary hormones, immunoglobulin A, and C-reactive protein in response to ultra-endurance exercises'. *Applied Physiology, Nutrition, and Metabolism* 39.5 (2014): 560–565.

129 Winter, Bernward, et al. 'High impact running improves learning'. *Neurobiology of Learning and Memory* 87.4 (2007): 597–609.

130 Griffin, Éadaoin W., et al. 'Aerobic exercise improves hippocampal function and increases BDNF in the serum of young adult males'. *Physiology & Behavior* 104.5 (2011): 934–941.

131 Kao, Shih-Chun, et al. 'The acute effects of high-intensity interval training and moderate-intensity continuous exercise on declarative memory and inhibitory control'. *Psychology of Sport and Exercise* 38 (2018): 90–99.

132 Miller, Michael G., et al. 'A comparison of high-intensity interval training (HIIT) volumes on cognitive performance'. *Journal of Cognitive Enhancement* 3.2 (2019): 168–173.

133 Smidowicz, Angelika, and Julita Regula. 'Effect of nutritional status and dietary patterns on human serum C-reactive protein and interleukin-6 concentrations'. *Advances in Nutrition* 6.6 (2015): 738–747.

134 Park, Hye Soon, Jung Yul Park, and Rina Yu. 'Relationship of obesity and visceral adiposity with serum concentrations of CRP, TNF-α and IL-6'. *Diabetes Research and Clinical Practice* 69.1 (2005): 29–35.

135 Krajcovicova-Kudlackova, M., and P. Blazicek. 'C-reactive protein and nutrition'. *Bratislavské lekárske listy* 106.11 (2005): 345.

136 Ma, Yunsheng, et al. 'Association between dietary fiber and markers of systemic inflammation in the Women's Health Initiative Observational Study'. *Nutrition* 24.10 (2008): 941–949.

137 White, B. Douglas, et al. 'Low protein diets increase neuropeptide Y gene expression in the basomedial hypothalamus of rats'. *The Journal of Nutrition* 124.8 (1994): 1152–1160.

138 Morgan III, Charles A., et al. 'Plasma neuropeptide-Y concentrations in humans exposed

to military survival training'. *Biological Psychiatry* 47.10 (2000): 902–909.

139 Sah, R., and T. D. Geracioti. 'Neuropeptide Y and posttraumatic stress disorder'. *Molecular Psychiatry* 18.6 (2013): 646–655.

140 White, B. Douglas, et al. 'Low protein diets increase neuropeptide Y gene expression in the basomedial hypothalamus of rats'. *The Journal of Nutrition* 124.8 (1994): 1152–1160.

141 homeostasis in mice subjected to a highfat diet'. *Molecular Medicine Reports* 18.4 (2018): 3923–3931.

142 Panossian, Alexander George, et al. 'Adaptogens stimulate neuropeptide Y and Hsp72 expression and release in neuroglia cells'. *Frontiers in Neuroscience* 6 (2012): 6.

143 Ahluwalia, Namanjeet, et al. 'Dietary patterns, inflammation and the metabolic syndrome'. *Diabetes & Metabolism* 39.2 (2013): 99–110.

144 Chrysohoou, Christina, et al. 'Adherence to the Mediterranean diet attenuates inflammation and coagulation process in healthy adults: The ATTICA Study'. *Journal of the American College of Cardiology* 44.1 (2004): 152–158.

145 Bustamante, Marta F., et al. 'Design of an anti-inflammatory diet (ITIS diet) for patients with rheumatoid arthritis'. *Contemporary Clinical Trials Communications* 17 (2020):

100524.

146 Matcham, Faith, et al. 'The prevalence of depression in rheumatoid arthritis: A systematic review and meta-analysis'. *Rheumatology* 52.12 (2013): 2136–2148.

147 Yoshida, Yuji, and Toshio Tanaka. 'Interleukin 6 and rheumatoid arthritis'. *BioMed Research International* 2014 (2014).

148 Hodes, Georgia E., et al. 'Individual differences in the peripheral immune system promote resilience versus susceptibility to social stress'. *Proceedings of the National Academy of Sciences* 111.45 (2014): 16136–16141.

149 https://www.marketsandmarkets.com/Market-Reports/dietary-supplements-market-973.html?gclid=CjwKCAiAnO2MBhApEiwA8q0HYe0vzbRAw8IbVQvFWQzc8MAAOAQ_xcMRoN58NnCtYXc80ndzPA4l2RoCaLEQAvD_BwE

150 Devpura, Ganpat, et al. 'Randomized placebo-controlled pilot clinical trial on the efficacy of ayurvedic treatment regime on COVID-19 positive patients'. *Phytomedicine* 84 (2021): 153494.

151 Priyanka, G., et al. 'Adaptogenic and immunomodulatory activity of ashwagandha root extract: An experimental study in an equine model'. *Frontiers in Veterinary Science* 7 (2020):

700.

152 Sikandan, Abudubari, Takahisa Shinomiya, and Yukitoshi Nagahara. 'Ashwagandha root extract exerts anti-inflammatory effects in HaCaT cells by inhibiting the MAPK/NF κ B pathways and by regulating cytokines'. *International Journal of Molecular Medicine* 42.1 (2018): 425–434.

153 Bansal, Priya, and Sugato Banerjee. 'Effect of Withinia somnifera and Shilajit on alcohol addiction in mice'. *Pharmacognosy Magazine 12.Suppl* 2 (2016): S121.

154 Herr, Nadine, Christoph Bode, and Daniel Duerschmied. 'The effects of serotonin in immune cells'. *Frontiers in Cardiovascular Medicine* 4 (2017): 48.

155 Shaito, Abdullah, et al. 'Potential adverse effects of resveratrol: A literature review'. *International Journal of Molecular Sciences* 21.6 (2020): 2084.

156 Li, Yao, et al. 'Quercetin, inflammation and immunity'. *Nutrients* 8.3 (2016): 167.

157 Mohos, Violetta, et al. 'Inhibitory effects of quercetin and its main methyl, sulfate, and glucuronic acid conjugates on cytochrome P450 enzymes, and on OATP, BCRP and MRP2 transporters'. *Nutrients* 12.8 (2020): 2306.

158 Lin, Jin-Yuarn, and Ching-Yin Tang. 'Strawberry, loquat, mulberry, and bitter melon

juices exhibit prophylactic effects on LPS-induced inflammation using murine peritoneal macrophages'. *Food Chemistry* 107.4 (2008): 1587–1596.

159 Krishnaswamy, Kamala. 'Traditional Indian spices and their health significance'. *Asia Pacific Journal of Clinical Nutrition* 17.S1 (2008): 265–268.

160 Mueller, Monika, Stefanie Hobiger, and Alois Jungbauer. 'Anti-inflammatory activity of extracts from fruits, herbs and spices'. *Food Chemistry* 122.4 (2010): 987–996.

161 Arnold, Rachel, and David Fletcher. 'A research synthesis and taxonomic classification of the organizational stressors encountered by sport performers'. *Journal of Sport and Exercise Psychology* 34.3 (2012): 397–429.

162 Fletcher, David, and Mustafa Sarkar. 'A grounded theory of psychological resilience in Olympic champions'. *Psychology of Sport and Exercise* 13.5 (2012): 669–678.

163 Dweck, Carol S. *Mindset: Changing the Way You Think to Fulfil Your Potential. Hachette* UK, 2017.

164 Hatzigeorgiadis, Antonis, et al. 'Self-talk and sports performance: A meta-analysis'. *Perspectives on Psychological Science* 6.4 (2011): 348–356.

165 Greenberg, Daniel L., and Barbara J. Knowlton. 'The role of visual imagery in

autobiographical memory'. *Memory & Cognition* 42.6 (2014): 922–934.

166 D'Argembeau, Arnaud, and Martial van der Linden. 'Individual differences in the phenomenology of mental time travel: The effect of vivid visual imagery and emotion regulation strategies'. *Consciousness and Cognition* 15.2 (2006): 342–350.

167 Simonsmeier, Bianca A., et al. 'The effects of imagery interventions in sports: A metaanalysis'. *International Review of Sport and Exercise Psychology* (2020): 1–22.

168 Berthoud, Hans-Rudolf, and Winfried L. Neuhuber. 'Functional and chemical anatomy of the afferent vagal system'. *Autonomic Neuroscience* 85.1–3 (2000): 1–17.

169 Li, Peng, and Kevin Yackle. 'Sighing'. *Current Biology* 27.3 (2017): R88–R89.

170 Van Duinen, Marlies A., et al. 'CO2 challenge induced HPA axis activation in panic'. *The International Journal of Neuropsychopharmacology* 10.6 (2007): 797–804.

171 Telch, Michael J., et al. 'Emotional reactivity to a single inhalation of 35% carbon dioxide and its association with later symptoms of posttraumatic stress disorder and anxiety in soldiers deployed to Iraq'. *Archives of General Psychiatry* 69.11 (2012): 1161–1168.

172 Vlemincx, Elke, and Olivier Luminet. 'Sighs can become learned behaviors via operant learning'. *Biological Psychology* 151 (2020): 107850.

173 Zaccaro, Andrea, et al. 'How breath-control can change your life: A systematic review on psycho-physiological correlates of slow breathing'. *Frontiers in Human Neuroscience* 12 (2018): 353.

174 Thayer, Julian F., et al. 'A meta-analysis of heart rate variability and neuroimaging studies: implications for heart rate variability as a marker of stress and health'. *Neuroscience & Biobehavioral Reviews* 36.2 (2012): 747–756.

175 Gerritsen, Roderik JS, and Guido PH Band. 'Breath of life: The respiratory vagal stimulation model of contemplative activity'. *Frontiers in Human Neuroscience* 12 (2018): 397.

176 Johnson, Debra L., et al. 'Cerebral blood flow and personality: A positron emission tomography study'. *American Journal of Psychiatry* 156.2 (1999): 252–257.

177 Fu, Yu. 'On the nature of extraversion: Variation in conditioned contextual activation of dopamine-facilitated affective, cognitive, and motor processes'. *Frontiers in Human Neuroscience* 7 (2013): 288.

178 Newman, Ehren L., et al. 'Cholinergic modulation of cognitive processing: Insights drawn from computational models'. F*rontiers in Behavioral Neuroscience* 6 (2012): 24.

179 Power, Robert A., and Michael Pluess. 'Heritability estimates of the Big Five personality traits based on common genetic variants'. *Translational Psychiatry* 5.7 (2015): e604-e604.

180 Huynh, Yen Nhi. 'Who am I?: The Neurobiology of the Big Five'. *University of Skörde* (2019).

181 Metzl, Einat S., and Malissa A. Morrell. 'The role of creativity in models of resilience: Theoretical exploration and practical applications'. *Journal of Creativity in Mental Health* 3.3 (2008): 303–318.

182 Kaufman, Scott Barry, et al. 'Openness to experience and intellect differentially predict creative achievement in the arts and sciences'. *Journal of Personality* 84.2 (2016): 248–258.

183 Nijstad, Bernard A., et al. 'The dual pathway to creativity model: Creative ideation as a function of flexibility and persistence'. *European Review of Social Psychology* 21.1 (2010): 34–77.

184 Baas, Matthijs, Carsten KW De Dreu, and Bernard A. Nijstad. 'A meta-analysis of 25 years of mood-creativity research: Hedonic tone, activation, or regulatory focus'. *Psychological Bulletin* 134.6 (2008): 779.

185 Vos, Theo, et al. 'Global burden of 369 diseases and injuries in 204 countries and

territories, 1990–2019: A systematic analysis for the Global Burden of Disease Study 2019'. *The Lancet* 396.10258 (2020): 1204–1222.

186 Santomauro, Damian F., et al. 'Global prevalence and burden of depressive and anxiety disorders in 204 countries and territories in 2020 due to the COVID-19 pandemic'. *The Lancet* 398.10312 (2021): 1700–1712.

187 Byron, Kris, and Shalini Khazanchi. 'A meta-analytic investigation of the relationship of state and trait anxiety to performance on figural and verbal creative tasks'. *Personality and Social Psychology Bulletin* 37.2 (2011): 269–283.

188 Bledow, Ronald, Kathrin Rosing, and Michael Frese. 'A dynamic perspective on affect and creativity'. *Academy of Management Journal* 56.2 (2013): 432 –450.

189 Bittner, Jenny V., Mareen Bruena, and Eric F. Rietzschel. 'Cooperation goals, regulatory focus, and their combined effects on creativity'. *Thinking Skills and Creativity* 19 (2016): 260–268.

190 Adelstein, Jonathan S., et al. 'Personality is reflected in the brain's intrinsic functional architecture'. *PLoS One* 6.11 (2011): e27633.

191 Käckenmester, Wiebke, Antonia Bott, and Jan Wacker. 'Openness to experience predicts

dopamine effects on divergent thinking'. *Personality Neuroscience* 2 (2019).

192 Boot, Nathalie, et al. 'Creative cognition and dopaminergic modulation of fronto-striatal networks: Integrative review and research agenda'. *Neuroscience & Biobehavioral Reviews* 78 (2017): 13–23.

193 Martin, Leslie R., Howard S. Friedman, and Joseph E. Schwartz. 'Personality and mortality risk across the life span: The importance of conscientiousness as a biopsychosocial attribute'. *Health Psychology* 26.4 (2007): 428.

194 Joo, Baek-Kyoo Brian, and Robert H. Bennett III. 'The influence of proactivity on creative behavior, organizational commitment, and job performance: Evidence from a Korean multinational'. *Journal of International & Interdisciplinary Business Research* 5.1 (2018): 1–20.

195 Reeve, Johnmarshall, and Woogul Lee. 'Neuroscience and human motivation'. *The Oxford Handbook of Human Motivation* (2012): 365–380.

196 Clear, James. *Atomic Habits: Tiny Changes, Remarkable Results: An Easy and Proven Way to Build Good Habits and Break Bad Ones*. Avery, 2018.

197 Mankins, Michael C., and Eric Garton. *Time, Talent, Energy: Overcome Organizational*

Drag & Unleash Your Team's Productive Power. Harvard Business Review Press, 2017.

198 Moll, Tjerk, Geir Jordet, and Gert-Jan Pepping. 'Emotional contagion in soccer penalty shootouts: Celebration of individual success is associated with ultimate team success'. *Journal of Sports Sciences* 28.9 (2010): 983–992.

199 Pepping, Gert-Jan, and Erik J. Timmermans. 'Oxytocin and the biopsychology of performance in team sports'. *The Scientific World Journal* 2012 (2012).

200 La Fratta, Irene, et al. 'Salivary oxytocin, cognitive anxiety and self-confidence in precompetition athletes'. *Scientific Reports* 11.1 (2021): 1–9.

201 Groen, Yvonne, et al. 'Testing the relation between ADHD and hyperfocus experiences'. *Research in Developmental Disabilities* 107 (2020): 103789.

202 https://worldathletics.org/news/feature/barshim-tamberi-friendship-tokyo-olympics-gold

203 https://spikes.worldathletics.org/post/gianmarco-tamberi-my-friend-mutaz

204 https://www.edelman.com/research/competence-not-enough

高寶書版集團
gobooks.com.tw

NW 290
逆境反彈：奧運冠軍都在用的韌性技能，養成不被挫折拖垮的復原力
Thrive: A practical guide to harness your resilience and realize your potential

作　　者　理查德．薩頓（RICHARD SUTTON）
譯　　者　曾倚華
責任編輯　丁品方、吳珮旻
封面設計　丸同連合
內頁排版　賴姵均
企　　劃　陳玟璇
版　　權　劉昱昕

發 行 人　朱凱蕾
出　　版　英屬維京群島商高寶國際有限公司台灣分公司
　　　　　Global Group Holdings, Ltd.
地　　址　台北市內湖區洲子街 88 號 3 樓
網　　址　gobooks.com.tw
電　　話　（02）27992788
電　　郵　readers@gobooks.com.tw（讀者服務部）
傳　　真　出版部（02）27990909　行銷部（02）27993088
郵政劃撥　19394552
戶　　名　英屬維京群島商高寶國際有限公司台灣分公司
發　　行　英屬維京群島商高寶國際有限公司台灣分公司
法律顧問　永然聯合法律事務所
初版日期　2024 年 08 月

Original title: Thrive: The Power of Resilience

First published by Pan Macmillan South Africa

國家圖書館出版品預行編目（CIP）資料

逆境反彈：奧運冠軍都在用的韌性技能，養成不被挫折拖垮的復原力 / 理查德．薩頓 (Richard Sutton) 著；曾倚華譯．-- 初版．-- 臺北市：英屬維京群島商高寶國際有限公司臺灣分公司，2024.08
　面；　公分．--

譯自：Thrive : a practical guide to harness your resilience and realize your potential.

ISBN 978-626-402-051-0(平裝)

1.CST: 意志　2.CST: 壓力　3.CST: 自我實現

173.764　　113011445